스마트폰과
사이좋게 지내는 법

스마트폰과
사이좋게 지내는 법

김지훈 글 ┃ 이정화 그림

휴먼
어린이

 스마트폰과 함께하는 즐거운 첫걸음

주변을 한번 둘러보세요. 5, 6학년만 되어도 스마트폰이 없는 친구를 찾기 힘들 거예요. 게임이나 재미있는 영상을 보느라 스마트폰에 푹 빠진 친구들도 많지요. 여러분이 스마트폰을 갖고 싶어 하는 마음은 너무 자연스러운 일이랍니다.

그런데 혹시 스마트폰이 여러분의 특별한 친구가 될 수도 있다는 사실, 알고 있나요? 스마트폰은 우리 생활을 훨씬 편리하고 즐겁게 만들어 주는 멋진 도구예요. 멀리 있는 가족과 얼굴을 보며 이야기할 수 있고, 재미있는 영상이나 게임도 신나게 즐길 수 있지요. 또 공부에 도움이 되는 앱을 사용하면 모르는 것도 척척 알아낼 수 있어요. 덕분에 세상과 소통하는 방법도, 취미를 즐기는 방법도 훨씬 다양해졌답니다.

물론 이렇게 좋은 스마트폰도 잘못 사용하면 위험해질 수 있어요. 길을 걸으면서 스마트폰만 보는 '스몸비'가 되어 사고를 당할 수도 있고, 쉴 새 없이 울리는 알림 때문에 숙제나 중요한 일에 집중하지 못할 수도 있지요. 또 무심코 악성 댓글을 달아 다른 사람에게 상처를 주거나 나쁜 사람에게 속아 개인 정보가 빠져나갈 위험도 있어요. 심심풀이로 본 짧은 영상(숏폼)에 중독되어 하루를 훌쩍 허비할 수도 있답니다.

그래서 스마트폰을 사용할 때 꼭 알아야 할 것들이 있어요. 안전하고 똑똑하게 사용하는 방법을 미리 익혀 둔다면 스마트폰이 주는 즐거움과 편리함을 마음껏 누릴 수 있답니다.

이 책은 스마트폰을 처음 접하거나 더 잘 사용하고 싶은 친구들에게 도움을 주고자 만들었어요. 스마트폰을 똑똑하게 고르는 법부터 안전하게 사용하는 방법까지 담겨 있답니다. 또 스마트폰으로 건강을 관리하거나 여행 계획을 세우는 등 일상생활을 더 활기차고 풍요롭게 만드는 방법도 소개하고 있어요.

자, 이제 스마트폰을 안전하고 현명하게 사용하는 방법을 알아볼까요? 여러분의 스마트폰 생활을 안전하고 즐겁게 만들어 줄 비밀 열쇠가 바로 이 책에 숨어 있답니다!

김지훈

차례

2장 스마트폰, 안전하게 사용하자

3장 스마트폰, 즐겁게 활용하자

1장
스마트폰,
똑똑하게 사용하자

1. 스마트폰이 갖고 싶어

스마트폰을 살 때 무엇을 고려해야 할까?

스마트폰, 어떤 기능이 있을까?

스마트폰은 단순히 전화만 하는 기계가 아니야. 통화나 문자는 기본이고, 인터넷으로 궁금한 것도 금방 찾아볼 수 있지. 숙제에 필요한 자료를 찾거나 친구들과 SNS로 소통할 수도 있어. 또 사진이나 동영상을 찍고, 학습 앱으로 재미있게 공부할 수 있지. 스마트폰은 우리 생활을 더 편리하고 즐겁게 만들어 줘.

용도에 맞는 스마트폰을 고르자

비싼 스마트폰이 항상 좋은 건 아니야. 최신 기술이 들어간 비싼 모델도 있지만, 통화, 문자, 인터넷 검색 같은 일상적인 기능은 비교적 저렴한 스마트폰으로도 충분해. 중요한 건 내 사용 목적에 맞는 스마트폰을 고르는 거야.

구매하기 전에 꼼꼼히 살펴보자

스마트폰을 구매하기 전에 꼭 필요한 기능과 필요 없는 기능을 나누어 보자. 사진이 몇백 배로 확대되는 카메라나 오래가는 배터리는 물론 편리하겠지만, 스마트폰이 꼭 그렇게 좋은 성능일 필요는 없어. 예산을 정하고 부모님과 상의해 적절한 제품을 고르는 건 어때? 중고 스마트폰을 살펴보는 것도 좋은 방법이야.

최신 스마트폰이 아니면 안 될까?

_ □ ×

요즘 초등학생 사이에서 아이폰이 인기를 끌고 있어. 아이폰에는 파일을 쉽게 주고받을 수 있는 '에어드롭' 기능과 아이폰 사용자끼리만 쓸 수 있는 메신저 '아이메시지' 기능이 있지. 그래서 많은 친구들이 아이폰을 갖고 싶어 해.

그런데 그 기능이 꼭 필요한 걸까? 혹시 친구가 최신 스마트폰을 가지고 있어서 따라 사고 싶은 마음이 든 건 아닌지 곰곰이 생각해 보자.

어떤 친구는 부모님이 구형 스마트폰을 사 주자 속상해서 울기도 했대. 하지만 비싼 스마트폰은 부모님에게 경제적으로 큰 부담이 될 수 있어. 또 학교에 비싼 스마트폰을 가지고 다니는 걸 옳지 않다고 생각하실 수도 있지.

그럼 어떻게 하는 게 좋을까? 먼저 내가 스마트폰으로 어떤 기능을 자주 쓰는지, 정말 **필요한 기능**은 무엇인지 생각해 봐. 꼭 최신 스마트폰이 아니어도 전화하고 문자 보내고, 인터넷을 사용하는 데는 아무 문제가 없어. 비싼 스마트폰만 고집하기보다는 나에게 맞는 실용적인 스마트폰을 선택하는 게 더 중요해.

부모님과 함께 필요한 기능을 살펴보고, 나에게 맞는 스마트폰을 선택하자. 그리고 스마트폰으로 사람을 판단하는 건 옳지 않아. 누구나 자기 상황에 맞게 고르는 거잖아. 이제 스마트폰을 똑똑하게 고르는 법을 알았으니, 우리 함께 실천해 보자!

▶ 스마트폰 구매 전 확인하기

1. 나에게 필요한 기능 확인하기
☐ 전화와 문자 메시지 기능이 잘 되나요?
☐ 인터넷 검색이 잘 되나요?
☐ 사진과 동영상을 찍을 수 있나요?
☐ 공부할 때 필요한 앱을 쓸 수 있나요?

2. 예산에 맞게 구매하기
☐ 내가 쓸 수 있는 돈은 최대 얼마인가요?
☐ 중고 스마트폰도 생각해 봤나요?

3. 스마트폰 성능
☐ 스마트폰 배터리가 오래가나요?
☐ 화면 크기와 화질이 충분한가요?

4. 사용 시간 및 규칙 설정
☐ 하루에 스마트폰을 얼마나 사용할지 시간을 정했나요?
☐ 부모님과 스마트폰 사용 규칙을 정했나요?

5. 현명한 소비 습관
☐ 내게 맞는 기능인지 꼼꼼히 살펴봤나요?
☐ 스마트폰을 몇 년 사용할지 계획을 세웠나요?

≫ 내가 자주 쓰는 스마트폰 기능은?

스마트폰을 어떻게 쓰는지 한번 생각해 보고, 나에게 중요한 기능과 중요하지 않은 기능을 나눠 보자. 그리고 나만의 순위를 매겨 표에 적어 봐!

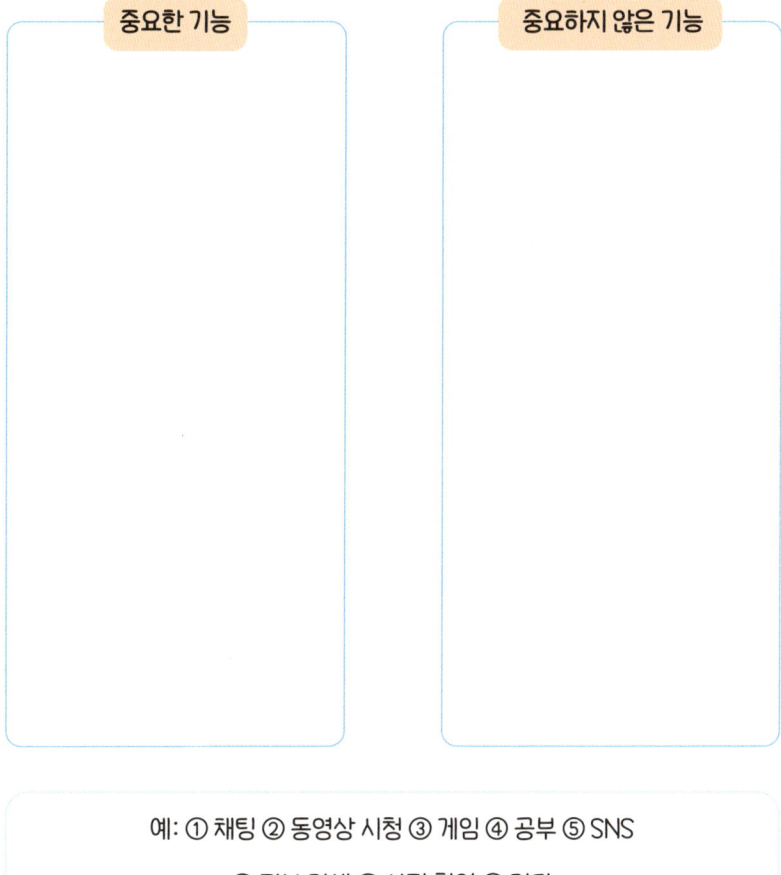

중요한 기능

중요하지 않은 기능

예: ① 채팅 ② 동영상 시청 ③ 게임 ④ 공부 ⑤ SNS
⑥ 정보 검색 ⑦ 사진 촬영 ⑧ 기타

2. 쉴 새 없이 울리는 스마트폰!

스마트폰 때문에 집중이 안 된다면

어떻게 해야 할까?

알림은 필요할 때만 켜 놓자

필요한 시간에만 알림이 울리도록 설정하자. 예를 들어, 공부할 때나 영화를 볼 때는 알림을 끄는 게 좋아. 집중해야 할 시간에는 방해가 되지 않도록 알림을 끄고, 알림이 꼭 필요한 시간에만 켜 놓는 습관을 들이자.

매너 모드를 사용하자

공공장소나 조용한 곳에서는 스마트폰을 매너 모드로 바꿔 두는 게 좋아. 도서관이나 수업 중에 알림이 울리면 다른 사람에게 방해가 될 수 있거든. 매너 모드는 진동으로 알림을 받으면서도 소리는 나지 않아서 주변 사람에게 피해를 주지 않아.

중요하지 않은 알림은 끄자

중요한 앱 알림만 켜고, 나머지는 끄는 게 좋아. 예를 들어, 게임이나 소셜 미디어 앱 알림은 끄고 학교 관련 앱이나 가족과의 소통 앱 알림만 켜 두면, 중요한 알림은 놓치지 않으면서 불필요한 방해는 줄일 수 있어.

디지털 디톡스에 도전해 보자!

네덜란드 라이덴대학교의 연구에 따르면 스마트폰 알림이 자주 울릴수록 뇌가 집중력을 유지하기 어려워진대. 시험공부를 하다가 '이 메시지만 확인하고 다시 해야지!' 하고 스마트폰을 들었다가 다른 앱까지 둘러본 적 있지? 이때 생기는 현상을 **인지 부하**라고 해. 알림에 반응할 때마다 뇌가 주의를 전환해야 해서, 다시 중요한 일에 집중하기가 어려워지는 거야.

심지어 알림이 없는데도 진동을 느끼는 경우가 있는데, 이걸 '환상 진동 증후군'이라고 해. '유령 진동 증후군'이라고도 하지. 스마트폰에 지나치게 의존하면 실제로는 진동이 없는데도 진동을 느끼는 현상이 나타나. 이런 경험이 반복되면 불안해지고 스트레스를 받게 돼.

이럴 땐 **디지털 디톡스**로 피로와 스트레스를 풀 수 있어. 디지털 디톡스는 스마트폰, 컴퓨터, 태블릿 같은 디지털 기기를 잠시 사용하지 않고 쉬는 거야.

먼저 알림을 꺼 보자! 급한 일이 아니라면 나중에 확인해도 괜찮아. 그게 스마트폰의 장점이야. 언제든 내가 원할 때 메시지를 확인하고 보낼 수 있거든. 지금 당장 확인하지 않아도 메시지는 그대로 남아 있으니 걱정하지 마.

알림을 껐다면 이번엔 스마트폰과 잠시 떨어져 볼까? 집에서 스마트폰 없이 지낼 수 있는 공간을 정해 보는 거야. 침실이나 식탁 같은 곳이 좋아. 이렇게 하면 식사 시간에 가족과 더 대화할 수 있고, 스마트폰을 확인하느라 잠에서 깨는 일 없이 편하게 쉴 수 있어. 적당한 공간이 없다면 일주일에 하루쯤은 스마트 기기를 사용하지 않는 날로 정해 보자. 그날은 공원에 가거나 가족이랑 보드게임을 해도 좋아.

요즘엔 디지털 디톡스를 도와주는 앱도 있어. 예를 들어, 'Forest: Stay focused'는 집중하고 싶은 시간 동안 스마트폰을 사용하지 않으면 가상의 나무가 자라는 앱이야. 반대로 스마트폰을 계속 쓰면 나무가 시들지. 이 앱은 알림도 잠깐 꺼 줘서 공부나 일에 더 집중할 수 있도록 도와줘.

3. 통화 목소리가
너무 커

통화할 때 어떤 매너를 지켜야 할까?

공공장소에서는 벨 소리를 줄이자

공공장소에서는 벨 소리를 줄이거나 조용히 진동으로 바꾸자. 시끄러운 벨 소리는 주변 사람에게 방해가 될 수 있어. 특히 학교, 도서관, 영화관처럼 조용한 곳에서는 꼭 필요해.

공공장소에서 통화 매너를 지키자

사람이 많은 곳에서는 조용한 장소를 찾아 통화하는 게 좋아. 그래야 다른 사람에게 방해되지 않고, 나도 편하게 이야기할 수 있어. 버스나 지하철 같은 대중교통에서는 짧게 말하고, 나중에 다시 통화하자.

통화할 땐 예의 있게 말하자

통화를 시작할 땐 "안녕하세요?", 끝낼 땐 "감사합니다" 같은 인사를 꼭 하자. 예의 바른 말 한마디가 좋은 인상을 줄 수 있어.

이제는
영상 통화 시대

영상 통화는 멀리 떨어진 사람과 얼굴을 보며 대화할 수 있는 멋진 기술이야. 이 기술이 어떻게 발전해 왔는지, 또 어떤 재미있는 사실이 있는지 함께 알아보자.

영상 통화의 역사는 1960년대로 거슬러 올라가. 상업적으로 공개된 최초의 영상 통화 시스템 중 하나는 1964년에 미국 AT&T가 만든 '픽처폰(Picturephone)'이야. 이 시스템은 뉴욕 세계 박람회에서 처음 공개됐고, 텔레비전처럼 큰 화면과 복잡한 장비를 사용했어. 당시에는 가격도 비싸고 사용하기도 어려워서 널리 사용되지는 않았어.

2010년대에는 스마트폰이 널리 쓰이면서 영상 통화를 하는 사람이 아주 많아졌어. 애플의 '페이스타임(FaceTime)' 같은 앱이 등장하면서 친구나 가족과 얼굴을 보며 쉽게 대화할 수 있게 되었지. 지금은 '카카오톡', '줌(Zoom)', '구글 미트(Google Meet)', '마이크로소프트 팀즈(Microsoft Teams)' 등 다양한 앱을 통해 영상 통화를 즐길 수 있어.

영상 통화는 여러 분야에서 널리 쓰이고 있어. 의료 분야에서는 의사가 환자의 얼굴을 보며 원격 진료를 할 수 있어 병원에 가기 어려운 사람들에게 큰 도움이 되고 있어.

또 언어 학습에도 유용하게 활용돼. 세계 곳곳의 사람들과 실시간으로 대화하며 언어를 배울 수 있거든. 외국어를 배우는 학생들에게는 정말 좋은 도구야.

1960년대 픽처폰과 오늘날의 영상 통화

재미있는
음성 변조 기능

통화할 때 쓸 수 있는 재미있는 기능이 있어. 바로 **음성 변조**야. 이 기능을 사용하면 통화할 때 내 목소리를 실시간으로 바꿀 수 있어. 남자 목소리를 여자 목소리로, 또는 로봇이나 외계인 목소리처럼 바꾸는 것도 가능하지. 덕분에 친구들과 통화할 때 웃고 떠들며 더 재미있게 놀 수 있어!

하지만 음성 변조 기능은 조심해서 써야 해. 누군가를 속이려고 목소리를 바꾸면 큰 문제가 생길 수 있거든. 예를 들어, 다른 사람인 척 장난 전화를 하거나 나쁜 일을 저지르면 법에 걸릴 수도 있어.

또 음성 변조를 하면 통화 소리가 잘 안 들릴 때도 있어. 목소리가 이상하게 들리거나 뭉개져서 상대가 무슨 말을 하는지 못 알아들을 수도 있지. 중요한 이야기를 할 땐 음성 변조를 사용하지 않는 게 좋아.

부모님이나 선생님처럼 가까운 어른과 이야기할 때도 내 진짜 목소리로 통화하는 게 안전해. 음성 변조를 하면 네 목소리를 못 알아듣거나, 좋지 않은 일이 생겼다고 생각할 수 있어.

이제 음성 변조 기능의 장점과 단점을 알았지? 재미있는 기능이지만, 늘 주의해서 사용해야 해. 규칙을 지키며 즐겁게 사용한다면 더 신나고 특별한 통화를 할 수 있을 거야!

4. 이 앱을 설치해도 괜찮을까?

앱을 안전하게 내려받으려면

어떻게 해야 할까?

○ 공식 앱 스토어를 이용하자

구글 플레이 스토어나 애플 앱 스토어 같은 공식 앱 스토어에서 앱을 내려받자. 공식 스토어는 보안 검증을 거친 앱만 제공해서 상대적으로 안전해. 이렇게 이용하면 악성 소프트웨어나 바이러스에 감염될 위험도 줄어들어.

○ 앱 리뷰와 개발자 정보를 확인하자

설치하기 전에 다른 사람들이 남긴 후기와 평점을 꼭 확인하자. 사람들이 좋은 평가를 남긴 앱일수록 믿을 수 있는 경우가 많아. 만약 후기에 '바이러스', '광고', '개인 정보 유출' 같은 말이 자주 나온다면, 설치하지 않는 게 좋아. 앱을 만든 회사나 개발자 이름도 확인해 보자. 유명하고 신뢰할 수 있는 회사에서 만든 앱이라면 안전할 가능성이 높아.

○ 앱이 어떤 권한을 요청하는지 살피자

앱을 설치할 때 요청하는 권한을 꼼꼼히 살펴보자. 예를 들어, 게임 앱이 전화나 문자 같은 기능에 접근하려고 한다면 의심해 봐야 해. 너무 많은 정보를 물어보는 앱은 네 비밀을 새게 만들 수도 있어. 그러니 설치 전에 반드시 확인하자.

앱,
똑똑하게 사용하는 방법

스마트폰을 빠르고 안전하게 쓰려면 앱을 잘 관리해야 해.

먼저 쓰지 않는 앱은 삭제하는 게 좋아. 필요 없는 앱이 많으면 스마트폰이 느려지고, 새로운 앱 설치도 느려져. 안 쓰는 앱을 지우면 저장 공간이 늘어나고 배터리도 더 오래 쓸 수 있어.

앱 정리를 끝냈다면 이제 앱을 최신 버전으로 자주 **업데이트**하자. 업데이트하면 새로운 기능이 생기고, 앱 오류도 고쳐 줘. 무엇보다 중요한 건 악성 코드나 바이러스를 막아 주는 **보안 패치**가 적용된다는 거야. 만약 업데이트를 하지 않으면 바이러스에 더 쉽게 당할 수도 있어.

실제로 2020년, 유럽에서는 '뱅킹 트로이목마'라는 나쁜 앱이 퍼지면서 많은 사람이 큰 피해를 봤어. 겉으로 보기엔 은

행 앱처럼 생겼지만, 사실은 사용자 계정 정보를 훔치는 앱이었지. 누군가 은행 앱에 로그인하면 그 정보가 해커에게 넘어가고, 해커는 그 사람 계좌에 있는 돈을 몽땅 가져갔어.

이런 악성 코드는 스마트폰을 망가뜨리기도 해. 시스템 파일을 지워 스마트폰이 제대로 작동하지 않게 만들거나 이상한 광고가 계속 나오게 만들 수도 있어.

그러니까 안전하게 스마트폰을 쓰려면 쓰지 않는 앱은 삭제하고 자주 업데이트하지!

앱 연령 등급, 어떻게 정해질까?

앱을 사용할 때는 **연령 등급**을 꼭 확인하자. 연령 등급은 우리가 앱을 안전하게 사용할 수 있도록 도와주는 중요한 기준이야. 그럼 앱의 연령 등급은 어떻게 정해질까?

구글 플레이 스토어에서는 IARC(국제등급분류연합) 기준에 따라 등급을 정해. 앱 개발자가 내용 평가 설문지를 작성하면, 그 답변을 바탕으로 연령 등급이 자동으로 결정되는 거야. 참고로 유럽 지역에서는 PEGI(범유럽 게임 정보) 등급을 함께 활용하기도 해.

예를 들어, 앱에 폭력적인 장면이나 무서운 내용, 도박이나 약물 같은 위험한 요소가 있는지 확인해서 등급을 판단해. 이러한 과정을 통해 그 앱이 어느 연령대 사용자에게 맞는지 쉽게 알 수 있어.

애플 앱 스토어는 자체 기준에 따라 연령 등급을 정해. 개발자가 설문지를 작성하면 시스템이 자동으로 등급을 계산해. 그다음 애플 리뷰 팀이 앱 내용과 설문 답변이 맞는지 확인하고, 필요할 경우 등급을 조정하거나 최종 확정하기도 해. 이때 리뷰 팀은 앱에서 아래와 같은 요소를 확인해.

- 성인용 콘텐츠
- 성적 내용
- 술·담배·약물 관련 내용
- 폭력·무서운 장면
- 도박·경품 요소
- 그 외 부적절한 요소

앱 스토어마다 기준은 조금 다를 수 있지만, 구글 플레이 스토어는 한국의 법에 따라 다음과 같은 연령 등급을 사용해. 초등학교 5학년 정도면 만 10세 정도니까, 앱을 설치하기 전에 꼭 연령 등급을 확인하자!

- 전체 이용가 (Everyone): 누구나 사용 가능
- 만 12세 이상 (12+): 만 12살부터 사용 가능
- 만 15세 이상 (15+): 만 15살부터 사용 가능
- 청소년 이용 불가 (19+): 만 19세 미만 청소년은 사용 불가능

5. 회원 가입해도 될까?

회원 가입할 때 무엇을 주의해야 할까?

가입 연령 제한을 확인하자

대부분의 앱과 웹사이트에서는 가입 가능한 나이를 정해 놓고 있어. 가입 연령 제한을 어기고 이용하면 나중에 문제가 생길 수 있어. 예를 들어, 나이에 맞지 않는 서비스를 이용하다가 무서운 일을 겪거나 법적인 문제가 생길 수 있지. 그러니 회원 가입을 하기 전에 꼭 가입 연령 제한을 확인하자.

회원 가입 약관을 읽어 보자

약관은 우리가 앱이나 웹사이트를 이용할 때 지켜야 할 규칙이나 약속을 말해. 약관에는 낯선 용어나 어려운 말이 많아서 읽기 힘들 거야. 하지만 중요한 내용이 있으니까, 부모님이나 가까운 어른과 함께 꼭 읽어 보는 게 좋아. 약관을 제대로 읽지 않으면 내 사진이 허락 없이 쓰이거나 개인 정보가 다른 곳으로 넘어갈 수도 있어.

마케팅 광고 수신 동의는 신중하게 하자

회원 가입을 할 때는 '필수 동의'와 '선택 동의'가 있어. '선택 동의'에는 주로 광고를 받겠다는 내용이 들어 있어. 그런데 무심코 동의하면 광고 메시지가 쏟아지고 내 정보가 다른 회사에 넘어갈 수 있어. 그러니까 마케팅 광고 수신은 꼭 신중하게 선택하자.

생년월일을 속여서 가입하면 안 될까?

회원 가입을 할 때 생년월일을 속여서 가입하는 경우가 있는데, 이는 여러 문제를 일으킬 수 있어. 그래서 사람들은 디지털 세상에서 어린이의 인권과 개인 정보를 지키기 위해 관련 법을 만들었어.

예를 들어, 미국에는 '아동 온라인 개인정보 보호법(COPPA)'이 있어서 13세 미만 어린이는 부모의 동의 없이 회원 가입을 할 수 없어. 한국에서도 **개인정보 보호법**에 따라 만 14세 미만 어린이는 보호자의 동의를 받아야만 회원 가입을 할 수 있어. 이런 이유로 우리가 이용하는 많은 웹사이트나 앱이 사용자의 가입을 제한하고 있지.

그런데 2022년 한국언론진흥재단의 조사에 따르면 전체 청소년 중 약 81.6퍼센트가 인스타그램을 사용한다고 해. 하

지만 인스타그램은 만 14세 이상만 가입할 수 있거든. 그럼 초등학생은 어떻게 사용하는 걸까? 바로 생년월일을 속여서 가입하는 거야.

이런 문제를 막기 위해 요즘 미디어 기업들은 신분증 사진으로 나이를 확인하거나, 인공지능이 사진이나 글을 분석해서 나이를 확인하는 기술을 개발했어.

그렇다면 **연령 제한**이 왜 필요할까? 연령 제한을 어기고 가입하면 어린이가 보기에 적절하지 않은 콘텐츠를 보게 될 수 있어. 예를 들면, 아주 폭력적이거나 선정적인 내용, 부적절한 광고 같은 것들 말이야. 그런 콘텐츠를 자주 보면 말이나 행동, 생각까지 영향을 받을 수 있어. 또 우리가 올린 게시물 때문에 개인 정보가 새어 나갈 수 있어. 그렇게 되면 나쁜 사람들이 그 정보를 이용해서 범죄를 저지를 수 있지. 이런 위험을 막으려고 가입 연령을 제한하는 거야. 그러니 법을 어기면서까지 가입하는 건 옳지 않겠지?

마케팅 광고 수신에 동의하면 어떤 일이 생길까?

회원 가입할 때 **마케팅 광고 수신**이라는 문구를 본 적 있지? 무심코 '마케팅 광고 수신'에 동의 버튼을 누른다면 이메일이나 메시지로 수많은 광고가 날아와 너를 귀찮게 만들 거야. 그러다 보면 중요한 메시지를 놓치는 일이 생길 수 있어.

또 마케팅 광고를 받도록 동의하면 이름, 전화번호, 이메일 주소 등이 다른 곳으로 전달될 수 있어. 그리고 광고를 계속 받으면, 필요하지 않은 상품이나 서비스를 구매하게 될 수도 있지. 광고는 우리를 유혹해서 필요한 것보다 더 많이 사게 만들거든.

그래서 **회원 가입 약관**에는 이러한 위험성을 알리도록 하는 법이 있어. 간단하게 '필수', '선택'이라고 표시해서 서비스를 이용하기 위해 꼭 필요한 것과 그렇지 않은 것을 구분하게 했어. 특히 사람들의 개인 정보가 다른 기업에 활용될 때는 어떤 목적으로 활용되는지, 어느 범위까지 활용되는지, 언제까지 내 정보를 보관하는지 등을 꼭 밝히도록 했지. 이런 중요한 내용은 다른 내용보다 더 잘 보이게 굵은 글씨로 표시하거나, 다른 글자보다 크게 표시하기도 해.

그런데도 사람들이 무심코 약관에 동의하는 것을 막으려고 '위험' 표시나 '이 정보는 제3자에게 공유될 수 있으며, 사기 및 신원 도용의 위험이 있습니다' 같은 문구로 강조하기도 하지. 회원 가입할 때 이러한 표시를 주의 깊게 살펴보고, 꼭 필요한 정보만 입력하는 습관을 기르는 것이 중요해!

내 계정을 안전하게 지키려면

어떻게 해야 할까?

강력한 비밀번호를 만들자

비밀번호는 최소 10자 이상 사용하는 게 좋아. 영어 대문자, 소문자, 숫자, 특수 문자를 골고루 섞으면 더 안전해. 숫자나 특수 문자는 알파벳 사이에 넣는 게 좋아. 생일, 이름, 전화번호처럼 쉽게 알 수 있는 정보는 비밀번호로 사용하지 말자. 예를 들어, '무지개행복떡볶이'처럼 뜻은 없어도 나만 아는 조합으로 만드는 게 좋아.

계정마다 다른 비밀번호를 사용하자

모든 계정에 같은 비밀번호를 쓰면 하나만 유출돼도 위험해져. 비밀번호가 헷갈리면 나만 볼 수 있는 메모장에 적어 두는 것도 좋아.

비밀번호는 한 번씩 꼭 바꾸자

3개월에 한 번씩 비밀번호를 바꾸는 습관을 들이자. 오랫동안 같은 비밀번호를 쓰면 보안이 약해질 수 있으니 꼭 주기적으로 바꾸도록 하자.

비밀번호는
왜 중요할까?

해킹된 비밀번호에는 어떤 특징이 있을까? 2023년에 결제 서비스 회사인 도조(Dojo)에서 유출된 비밀번호 600만 개를 분석했대. 이를 통해 해킹된 비밀번호의 특징을 알아봤지.

그 결과 가장 많이 쓰인 패턴은 소문자로만 이루어진 비밀번호였어. 특히 여덟 자리의 알파벳 소문자만 있는 비밀번호는 약 3초 만에 풀렸대!

반면에 소문자 아홉 자리와 숫자 한 자리가 섞인 비밀번호는 약 34분이나 걸렸어. 앞에서 말했듯이 다양한 문자를 조합해 복잡하게 만들수록 비밀번호가 더 안전해진다는 걸 보여 주는 결과지.

비밀번호는 인터넷 보안을 지키는 첫걸음이야. 인터넷 보안은 우리가 온라인에서 하는 활동을 안전하게 보호하는 것을 말해. 예를 들어, 누군가 네 인터넷 뱅킹 비밀번호를 알게 되면 은행 계좌의 돈을 빼앗을 수 있어. 또 인스타그램이나 페이스북 같은 소셜 미디어 비밀번호를 알게 되면, 네가 올린 사진이나 글을 몰래 보거나 지우거나 훔쳐 갈 수도 있지.

단단한 문에 튼튼한 자물쇠를 걸어 둬야 도둑이 침입하기가 어렵겠지? 강력한 비밀번호는 집을 지키는 튼튼한 자물쇠 같은 역할을 해. 해커들은 이름, 주소, 주민 등록 번호, 전화번호, 계좌 번호 같은 개인 정보를 훔치려고 여러 가지 방법을 써. 그래서 비밀번호를 안전하게 만드는 게 정말 중요해.

비밀번호 보안의 중요성을 알고, 튼튼한 비밀번호를 만들어 잘 관리하는 것은 인터넷을 안전하게 사용하는 데 꼭 필요한 습관이야.

'패스워드리스' 시대가 온대!

"미래 보안에는 비밀번호가 없을 것이다."

마이크로소프트사 최고 경영자인 사티아 나델라가 한 말이야. 이렇게 열심히 비밀번호를 만들었는데, 이게 무슨 말이냐고?

사실 우리는 이미 비밀번호가 없는 시대, **패스워드리스** 시대를 경험하고 있어. 스마트폰을 열 때 비밀번호가 아닌 지문 인식, 얼굴 인식을 쓰고 있으니까. 어떤 비밀번호도 완벽하게 안전하지 않으니 아예 비밀번호 없는 보안 방식을 개발하는 거야.

미래에는 스마트폰이나 노트북 잠금 해제뿐 아니라 웹사이트에 로그인할 때도 비밀번호 없이 계정을 인증할 수 있게 된대. 애플, 마이크로소프트, 구글 등의 기업도 비밀번호 없이 접속할 수 있도록 하겠다고 발표했지.

하지만 아직 완전한 패스워드리스 시대는 아니니까 그전까지는 비밀번호 관리에 신경 써야겠지?

7. 게임 아이템을 사고 싶어

게임을 안전하고 즐겁게 하는 방법이 있을까?

◦ 게임, 즐기면서 하자

사람들은 게임에서 강한 캐릭터를 만들거나 이기려고 유료 아이템을 구매해. 하지만 꼭 이기거나 남보다 잘해야만 즐거운 것은 아니야. 물론 이기면 기분이 좋지만, 그 순간을 위해 아이템에 집착하는 건 바람직하지 않아.

◦ 게임 예산을 미리 정하자

용돈으로 게임 아이템을 사는 건 합리적인 소비야. 게임 예산을 미리 정하고, 군것질을 줄여서 원하는 아이템을 사 보는 건 어때? 아니면 부모님께 게임 아이템을 선물로 부탁할 수도 있겠지? 물론 허락이 필요해.

◦ 게임과 현실의 균형을 맞추자

혹시 예산을 넘는 아이템에 욕심이 생긴다면, 그럴 땐 게임 속에 너무 빠진 건 아닌지 돌아봐야 해. 게임은 게임일 뿐, 게임 때문에 현실이 힘들어지면 안 돼. 무엇보다도 부모님과의 관계가 나빠지지 않도록 조심하자.

부모님 몰래 아이템을 사도 될까?

게임을 하다가 아쉽게 이길 기회를 놓친 적 있지? 이런 상황을 니어 미스 효과(Near Miss Effect)라고 해. 우리 뇌는 '조금만 더 하면 이기는 건데….'라는 아쉬움을 느낄수록 '다음엔 꼭 이길 수 있어!'라고 더 강하게 믿게 된대.

예를 들어, 아이템을 하나만 더 모으면 강한 캐릭터를 만들 수 있는데, 실패하면 '이번엔 꼭 사야겠어.' 하고 생각하게 돼. 이럴 때 많은 사람이 유료 아이템을 구매해. '조금만 더 하면 이길 수 있을 거야!' 하는 마음이 커지면서 계속 돈을 쓰게 되는 거지.

게임 개발자들은 **니어 미스 효과**를 잘 알고 있어서, 일부러 이길 뻔한 상황을 자주 만들기도 해. 그래서 플레이어가 계속 게임을 하게 하고, 유료 아이템을 더 많이 사게 만들지.

게임을 할 때는 이런 심리적 함정을 잘 알고 조심하는 게 중요해. 재미있게 게임을 하면서도 똑똑하게 소비하는 습관을 길러 보자.

혹시 부모님 몰래 스마트폰 게임에 큰돈을 쓴 적 있어? 그렇다면 당장 멈춰야 해! 우리나라에서는 미성년자가 본인 명의 스마트폰으로 결제한 경우, 민법에 따라 결제 취소나 환불을 요청할 수 있어. 하지만 부모님 명의 스마트폰으로 결제했다면 환불받기 어려울 수 있으니 조심해야 해.

환불을 받으려면 네가 부모님 허락 없이 결제했다는 사실을 증명해야 하는데, 사실 이걸 증명하는 건 정말 어려워. 혹시 환불이 거부되면 소비자 고발 센터에 민원을 넣는 방법도 있어.

하지만 환불 절차가 복잡하고 거부될 수 있으니, 휴대 전화 소액 결제를 미리 막거나 부모님 몰래 결제하는 일이 없도록 하는 게 가장 좋아.

무엇보다 중요한 건 아무리 큰돈을 썼더라도 위험한 방법으로 문제를 해결하려고 하면 안 된다는 거야. 부모님에게는 돈보다 네가 훨씬 더 소중해. 비록 지금 당장 혼날 수도 있지만, 솔직하게 말씀드리면 결국 이해해 주실 거야.

8. SNS에
올려도 될까?

'좋아요'도 좋지만, 내 정보는 괜찮은 걸까?

사진을 올리기 전에 꼭 확인하자

SNS에 사진을 올리기 전에 꼼꼼하게 확인하자. 사진 배경에 집 주소나 학교 이름이 노출되지 않도록 배경을 살펴보는 게 좋아. 특히 친구의 얼굴이 담긴 사진을 올릴 때는 반드시 그 친구에게 허락을 받아야 해!

개인 정보는 드러내지 말자

이름, 전화번호, 주소 같은 개인 정보는 절대 SNS에 올리면 안 돼. 이런 정보가 노출되면 위험한 상황에 놓일 수 있어. 프로필에는 실명 대신 별명을 쓰고, 주소나 전화번호는 아예 올리지 않는 것이 가장 안전해.

공개 범위를 설정해 보자

내가 올린 사진이나 글을 모든 사람에게 공개하지 않는 것이 좋아. SNS의 설정에서 '비공개'나 '친구만 보기' 옵션을 활용해 봐. 그러면 내가 허락한 친구들만 게시글을 볼 수 있어서 더 안전하게 SNS를 즐길 수 있을 거야.

SNS에 올린 내 정보, 괜찮을까?

"7월 21일, 제주도 도착! 3박 4일 동안 제주도 여행을 했다. 여동생은 바닷가에서 수영했고, 나는 햇빛 알레르기 때문에 그늘에서 쉬기만 했다. 8월에는 부산에 놀러 가기로 했는데, 그땐 꼭 재미있게 놀아야지! 여름 방학 숙제도 해야 하는데···. OO초등학교 3학년 2반 친구들아, 숙제 다 했니?"

이 사진과 글에서 어떤 정보를 알 수 있을까? 먼저 이 아이의 얼굴과 성별, 나이 그리고 학교와 반을 알 수 있어. 또 여행 날짜와 가족 구성, 건강 상태와 다음 여행 계획까지 드러나지. 짧은 게시글 하나만으로도 많은 정보가 공개될 수 있다는 걸 잊지 마.

2021년 10월, 실제로 이런 일이 있었어. 20대 남성이 여자 아이를 납치하려다 경찰에 붙잡힌 사건이 있었지. 놀랍게도 가해자는 피해자의 SNS를 보고 범행을 계획했대. 사진과 글만으로 학원 시간은 물론, 집으로 가는 길까지 알아냈다고 해. 피해자는 그저 일상을 올렸을 뿐인데, 그 정보가 결국 범죄로 이어진 거야.

SNS는 내 일상을 기록하고 친구들과 소통할 수 있는 좋은 도구야. 하지만 내가 올린 게시물을 누구나 볼 수 있다는 점을 꼭 기억해야 해. 내가 어디에 있는지, 누구와 있는지, 어떤 생활을 하는지가 드러나는 정보는 범죄에 악용될 수 있으니 항상 조심해야 해.

9. 재미있는 밈, 써도 될까?

밈을 재미있게 쓰려면, 어떤 점을 조심해야 할까?

폭력적이거나 자극적인 이미지는 없는지 확인하자

밈(meme)은 인터넷에서 사람들이 재미있거나 공감되는 그림, 영상, 글 등을 공유하며 빠르게 퍼지는 콘텐츠야. 밈은 친구들과 즐겁게 볼 수 있지만, 폭력적이거나 자극적인 이미지는 조심해야 해. 그런 밈은 친구를 놀라게 하거나 상처를 줄 수 있거든. 혹시 판단하기 어렵다면 밈을 공유하기 전에 친구나 가족에게 먼저 보여 주는 것도 좋은 방법이야. 모두가 기분 좋게 웃을 수 있는 건강한 밈을 사용해 보자!

유머와 비하를 구분하자

밈은 우리를 웃게 하고 친구들과 더 가깝게 만들어 주지만, 때로는 누군가를 기분 나쁘게 하거나 상처를 줄 수도 있어. 그래서 유머와 비하를 구분하는 게 중요해. 비하는 다른 친구를 깔보거나 일부러 기분을 상하게 만들며 놀리는 것을 말해. 웃기려고 만들었더라도 누군가를 놀리거나 깎아내리는 내용이라면, 그건 유머라고 할 수 없어. 예를 들어, 외모나 성격, 약점을 놀리는 밈은 절대 사용하면 안 돼. 병이나 사고처럼 무거운 내용을 함부로 다루는 것도 옳지 않아. 대신 일상에서 겪는 재미있는 상황이나 귀여운 동물처럼 누구나 즐겁게 볼 수 있는 내용을 고르는 게 좋아.

밈의
긍정적인 힘

초등학생이 자주 쓰는 '호우!' 같은 밈은 축구 선수 호날두가 골을 넣고 하는 세리머니에서 나온 말이야. 이런 밈은 학교에서 겪은 재미있는 상황을 웃으며 표현할 때 많이 쓰이지. 그런데 밈은 단순히 웃긴 이미지에 그치지 않아.

밈을 보면 지금 사람들이 무엇에 관심이 있는지, 어떤 생각을 하는지 알 수 있어. 예를 들어, '호우!' 밈이 유행하는 걸 보면 친구들이 축구를 좋아하고, 열광하는 분위기를 즐긴다는 걸 알 수 있지.

이처럼 밈은 단순한 유머를 넘어 우리 사회를 비추는 거울과 같아. 때로는 사회 문제를 다루거나 비판하는 밈이 생겨나기도 하면서, 유머 이상의 의미를 가지기도 해.

또 '중요한 건 꺾이지 않는 마음'이라는 뜻을 가진 '중꺾마'

밈처럼 서로에게 힘과 희망을 전할 때 쓰이기도 해. 밈은 짧고 강렬하게 메세지를 전달하고, 웃음을 통해 사람들에게 긍정적인 힘을 줄 수 있어.

하지만 밈은 아이들과 어른 사이를 멀어지게 만들기도 해. 아이들이 쓰는 밈을 어른들이 잘 이해하지 못할 때가 있거든. 그래도 밈을 이해하려고 노력하면 서로 다른 문화를 알게 되는 좋은 기회가 될 거야. 이렇게 밈은 세대를 이어 주는 다리 역할도 할 수 있지. 많은 사람이 함께 웃고 즐길 수 있는 밈이 진짜 좋은 밈 아닐까?

축구 선수 호날두의 골 세레머니

밈이라고
아무렇게나 쓰면 안 돼!

요즘 밈을 따라 하는 거 정말 재미있지? 그런데 뜻도 잘 모르고 무작정 따라 하다 보면 문제가 생길 수도 있어.

한때 '누칼협'이라는 밈이 유행했어. '누가 칼 들고 협박했냐?'의 줄임말인데, 자기 행동의 결과는 스스로 책임지라는 뜻에서 시작됐지.

그런데 이 표현 조금 무섭고 거칠게 들리지 않아? 이런 말을 자꾸 쓰다 보면 다른 사람의 감정을 이해하기보다는 그저 "너무 예민하네." 하고 넘길 수도 있어. 그러면 서로를 이해하고 소통하려는 노력은 줄고, 잘못된 책임만 개인에게 떠넘기는 분위기가 될 수 있지.

비슷하게 '알빠노'라는 밈도 있어. '그건 내가 알 바 아니야.'라는 뜻으로 상대의 이야기를 단번에 끊어 버리는 표현이야. 이런 밈을 자주 쓰면 실제로 누군가에게 상처를 줄 수 있어. 말투가 습관이 되면 나중에는 무심코 말실수를 하게 될 수도 있지.

그래서 유튜브나 틱톡에서 유행하는 밈을 따라 하기 전에, 그 뜻부터 먼저 알아보고 친구나 가족과 함께 이야기해 보는 게 좋아.

밈은 재미있게 즐길 수 있지만, 언제 어디서 어떻게 써야 할지 함께 생각하는 것도 정말 중요해!

10. 유행하는 챌린지, 도전해 볼까?

모두가 즐겁게 챌린지를 하려면

무엇을 지켜야 할까?

위험하고 자극적인 챌린지는 피하자

챌린지를 따라 하기 전에, 그게 어떤 이유로 시작됐는지 먼저 생각해 보자. 재미있고 의미 있는 건지 아니면 단순히 관심을 끌기 위한 것인지 살펴보는 게 좋아. 위험하고 의미 없는 챌린지라면 굳이 따라 할 필요 없겠지?

안전을 가장 먼저 생각하자

챌린지를 할 때는 안전을 가장 먼저 생각해야 해. 몸에 해로운 걸 먹거나 위험한 곳에서 영상을 찍는 건 절대 안 돼. 아무리 재미있어 보여도 내 몸에 해가 되면 안 되잖아?

다른 사람에게 피해를 주지 말자

내 행동이 다른 사람에게 불편을 줄 수도 있어. 그러니 공공장소에서 소란을 피우거나 친구에게 무리한 부탁을 하지 않도록 주의하자.

좋은 챌린지에 도전하자

건강하고 재미있는 챌린지를 직접 만들어 보는 건 어때? 예를 들어, '책 읽기 챌린지', '감사 챌린지'처럼 친구들에게도 긍정적인 영향을 줄 수 있는 챌린지를 시도해 보자!

챌린지 문화란?

챌린지는 SNS나 인터넷에서 특정 행동을 따라 하고, 그 모습을 공유하는 활동이야. 단순히 재미를 위한 것도 있고, 사회 메시지를 전하려는 것도 있어. 예를 들어, 귀여운 춤과 노래로 큰 인기를 끈 '탕후루 챌린지'는 재미를 위한 챌린지 중 하나야.

하지만 모든 챌린지가 안전한 건 아니야. 가끔은 위험하거나 부적절한 내용을 담은 챌린지도 있어. 그러니 참여하기 전에 이 챌린지가 무엇을 위한 것인지, 안전한지 꼭 살펴봐야 해. 예전에 유행한 '블랙아웃 챌린지'는 숨을 오래 참다가 기절하는 모습을 찍는 것이었어. 그런데 이걸 따라 하다가 18개월 동안 20명의 미성년자가 목숨을 잃었지.

반대로 좋은 영향을 주는 챌린지도 있어. '아이스버킷 챌린지'는 루게릭병(ALS)에 대한 관심을 높이고 기부를 모으기 위해 시작됐어. 얼음물을 뒤집어쓰는 모습을 영상으로 찍어 올리면서, 사람들이 근육이 굳어 가는 병의 고통을 조금이나마 느껴 보려 한 거야. 덕분에 이 병을 몰랐던 사람들도 관심을 가지게 되었고 많은 기부가 이어졌지.

챌린지를 즐길 때는 단순히 따라 하기보다는 그 의미와 결과를 잘 생각해야 해. 친구들과 챌린지를 할 때도 서로를 존중하고, 부담을 주지 않도록 조심하자. 재미있으면서도 모두에게 좋은 영향을 주는 챌린지가 진짜 멋진 챌린지야!

아이스버킷 챌린지

왜 위험한 챌린지를 따라 할까?

캘리포니아 필딩대학원의 미디어심리학연구센터 소장인 파멜라 러틀리지 박사는 아이들이 **또래 압력** 때문에 위험한 챌린지를 따라 한다고 설명했어. 또래 압력은 친구들이나 같은 또래의 관심을 끌고 싶어 하는 마음에서 생기는 거야. 챌린지로 인기를 얻고 멋져 보일 수 있다는 생각에 위험을 무릅쓰는 거지.

게다가 위험을 판단하는 능력은 뇌의 전두엽에서 나오는데, 이 부분은 20대 중반이 돼야 완전히 발달해. 그래서 어린이들은 위험한 챌린지를 보고도 쉽게 멈추지 못하는 거야.

그렇다고 이런 현상을 아이들 탓으로만 돌릴 순 없어. 최근에는 SNS의 **알고리즘**에 책임을 묻고 있거든. SNS가 위험한 챌린지를 만든 건 아니지만, 이런 챌린지가 아이들 사이에서 빠르게 퍼지도록 해서 아이들을 위험에 빠뜨렸다는 거야.

이런 위험을 막기 위해 SNS 기업들도 노력하고 있어. 틱톡은 위험한 콘텐츠를 판단하려고 4만 명의 콘텐츠 조정자가 24시간 근무하고, 콘텐츠에 연령 등급을 매겨 어린이들에게 부적절한 콘텐츠는 보이지 않도록 제한하고 있지.

하지만 가장 중요한 건 위험한 챌린지를 피하고, 친구에게도 그 위험성을 알려 주는 거야.

11. 나는 원래 I인데, 게임에서는 E야

온라인에서 나를 어떻게 표현할까?

온라인 속 너도 진짜 너야

평소에는 조용한데 온라인에서는 활발한 친구를 본 적 있지? 현실과 달리 온라인에서는 프로필이나 게임 캐릭터로 나를 표현하잖아. 그래서 평소 성격과 다르게 행동하거나, 현실에서는 하지 않을 일을 하기도 해. 하지만 온라인 속 모습도, 현실 속 모습도 모두 진짜 '나'라는 걸 잊지 마!

현실에서도 선한 영향력을 펼쳐 보자

부끄럽거나 걱정돼서 망설였던 일도 온라인에서처럼 용기를 내어 현실에서 도전해 보는 건 어때? 예를 들어, 나쁜 행동을 보면 "멈춰!"라고 말하거나, 힘든 친구를 도와주거나, 지구를 위해 행동하는 것처럼 말이야. 이런 작은 도전이 쌓이면 온라인 속 나와 현실 속 내가 서로 부족한 부분을 채워 줄 수 있어!

온라인과 현실의 균형을 잡자

온라인과 현실에서 내 모습이 너무 다르면 혼란스러울 수 있어. 억지로 다른 모습을 만들려고 하기보다는 현실의 나를 자랑스러워할 수 있는 모습으로 조금씩 만들어 가는 건 어떨까?

온라인 정체성과 평판

정체성은 내가 생각하는 나의 모습이야. 예를 들어, '나는 정직해.', '나는 소심해.'처럼, 나에 대한 내 생각을 말하지. 온라인 정체성은 온라인에서 보여 주는 나의 모습이야. 주로 게임 캐릭터, SNS 프로필, 내가 온라인에서 하는 말과 행동으로 만들어져.

평판은 다른 사람들이 나를 어떻게 생각하는지를 말해. '너는 착해.', '너는 이기적이야.' 같은 말이 평판이지. 온라인에서 어떻게 행동하느냐에 따라 평판이 달라져. 친절하고 배려하는 행동은 좋은 평판을 만들고, 공격적이거나 예의 없는 행동은 나쁜 평판을 만들지. 그래서 온라인에서도 늘 신중하게 행동해야 해.

온라인 정체성은 현실 속 나와 다를 수 있지만, 서로 이어져 있어. 온라인에서의 모습도 나의 중요한 일부라는 걸 기억하고, 같은 모습으로 행동하는 게 좋아. 예를 들어, 온라인 게임을 하며 좋은 평판을 얻으면 다른 사람들에게 믿음을 주고 더 많은 친구를 사귈 수 있지. 반대로 나쁜 행동을 하면 게임에서도 나쁜 이미지가 생기게 돼.

게임 속 세계도 하나의 작은 사회니까, 그 속에서의 모습도 소중히 여겨야 해. 현실에서 내가 중요하게 생각하는 가치나 목표를 온라인에서도 지킨다면, 더 좋은 정체성을 만들 수 있을 거야.

왜 나쁜 말이
더 쉽게 나올까?

현실에서는 다른 사람에게 상처 주는 말이나 비꼬는 행동을 하지 않지만, 온라인에서는 말투가 거칠어지거나 상대를 무시하는 일이 생기기도 해. 왜 그럴까?

그 이유는 바로 **익명성**과 **가상 공간**이 주는 자유로움 때문이야. 온라인에서는 대부분 닉네임을 사용해. 마치 가면을 쓴 것처럼 평소와는 다른 말이나 행동을 하게 되는 거지. 현실에서는 상대방의 표정을 보며 조심스럽게 말하지만, 온라인에서는 글만 보고 이야기하니까 상대의 감정을 잘 느끼지 못해. 그래서 말이 점점 가벼워지고 때로는 거칠어지기도 하지.

또한 온라인에서는 시간과 장소에 상관없이 언제든지 글을 쓰고 대화할 수 있어. 빠르게 말을 주고받다 보면 깊이 생각하지 않고 기분대로 말할 때도 있지. 이런 환경에서는 현실 속 나와 온라인 속 나 사이에 차이가 생기기 쉬워.

하지만 온라인에서의 내 모습도 나의 일부라는 사실을 꼭 기억해야 해. 현실에서는 말수가 적지만 게임에서는 활발할 수 있고, 얼굴 보고 이야기하는 건 어렵지만 댓글로는 좋아하는 걸 솔직하게 표현할 수도 있지. 이런 다양한 모습이 모두 모여서 '진짜 나'를 만들어 가는 거야.

그래서 온라인에서도 다른 사람을 배려하고, 책임감 있게 행동해야 돼. 장난으로 쓴 댓글이 누군가에게는 큰 상처가 될 수 있다는 걸 잊지 말자. 온라인에서 멋지고 따뜻한 모습을 보여 준다면, 현실에서도 멋진 사람이 될 수 있을 거야.

현실에서의 나   온라인에서의 나

12. 숏폼에 중독된 것 같아

그만 봐야 하는데, 왜 계속 보게 될까?

○ 시간을 정해서 보자

숏폼 보는 시간을 스스로 정해 보자. '하루 30분'처럼 구체적인 계획을 세우는 거야. 앱 사용 시간을 제한하는 기능을 활용하는 것도 좋아. 그러면 시간을 더 똑똑하게 쓸 수 있어.

○ 필요한 영상만 검색해서 보자

숏폼을 모두 볼 필요는 없어. 자동으로 뜨는 영상 대신, 내가 정말 좋아하거나 필요한 콘텐츠만 골라서 보는 습관을 들여 보자. 그러면 시간을 절약하면서 더 알차고 즐거운 시간을 보낼 수 있어!

○ 스마트폰을 보기 전에 스스로 물어보자

심심하거나 어색할 때 습관처럼 숏폼부터 보게 되지 않아? 그렇게 보다 보면 어느새 시간이 훅 지나가 버리기도 해. 그럴 땐 잠깐 멈추고, '지금 이 영상을 왜 보는 거지?' 하고 스스로 물어봐. 그 한마디가 영상 보는 시간을 줄이는 데 도움이 될 거야.

숏폼은 왜 중독성이 강할까?

한국인이 가장 오래 사용하는 앱은 뭘까? 모바일 빅데이터 분석 업체인 와이즈앱·리테일·굿즈의 조사 결과에 따르면 바로 유튜브였어! 2024년 8월 기준으로 한국인은 유튜브에서 한 달동안 총 1,174억 분을 보냈대. 한 사람당 한 달에 약 2,504분 하루 평균 약 81분을 유튜브 보는 데 쓴 거지.

전문가들은 유튜브가 **쇼츠**라는 **숏폼 서비스**를 제공하면서 사용 시간이 더 늘었다고 분석했어. 유튜브뿐만 아니라 인스타그램이나 틱톡처럼 숏폼을 제공하는 앱들도 최근 3년 사이 사용 시간이 크게 늘었지. 숏폼은 15초에서 1분 정도의 짧은 영상이라 스스로 시청을 멈추기 어려워.

숏폼은 재미있는 내용을 압축해 보여 주기 때문에, 우리 뇌는 이를 빠르게 처리하고 강한 즐거움을 느껴. 이때 뇌에서는 **도파민**이라는 화학 물질이 분비되는데, 도파민은 우리가 기분 좋을 때나 재미있는 일을 할 때 나와. 예를 들어, 좋아하는 음식을 먹거나 게임에서 이길 때 도파민이 분비되지. 숏폼은 짧은 시간 안에 강한 즐거움을 주기 때문에 도파민이 많이 분비돼. 그래서 우리는 더 많은 영상을 원하게 되는 거야.

그런데 도파민이 너무 많이 분비되면 어떻게 될까? 뇌는 더 큰 자극을 원하게 돼. 작은 일로는 만족하지 못하고 현실에서 친구와 놀거나 책을 읽는 일이 지루하게 느껴질 수 있어. 도파민이 계속 분비되면 뇌가 쉽게 피로해져서 집중력이 떨어지고, 여러 일을 하는 데 어려움을 겪을 수 있어.

숏폼은 알고리즘을 이용해 내가 좋아할 만한 영상을 계속 추천해 줘. 알고리즘은 내가 어떤 영상을 좋아하는지 분석해서 비슷한 영상을 끊임없이 보여 주기 때문에 멈추기가 어려워. 그래서 우리는 자꾸만 다음 영상을 보고 싶은 마음이 생기고, 이 과정에서 도파민이 계속 분비돼 더 빠져들게 되지. 결국 숏폼에 빠져드는 이유는 뇌가 주는 작은 보상 때문이야. 하지만 숏폼을 적당히 즐기면서, 현실에서도 다양한 경험을 쌓는 게 중요해.

13. 스몸비 바이러스를
조심해!

스마트폰을 보며 걷는 습관,

많이 위험한 걸까?

스몸비를 조심하자

요즘 거리에서 스마트폰만 보며 걷는 사람들을 자주 보지? 이런 사람들을 '스몸비(smombie)'라고 불러. 스몸비는 '스마트폰(smartphone)'과 '좀비(zombie)'를 합친 말이야. 스마트폰에만 집중하느라 주변을 잘 살피지 못하다 보니, 마치 좀비처럼 보인다고 해서 생긴 이름이지.

스마트폰과 이어폰 사용은 잠깐 멈추자

길을 걸을 때는 스마트폰과 이어폰을 잠시 주머니에 넣어 두자. 길에서 메시지를 확인하거나 영상을 보는 건 위험해. 특히 소음을 차단하는 노이즈 캔슬링 기능은 주변 소리를 듣지 못하게 해서 더 위험해. 꼭 이어폰을 써야 한다면 한쪽만 끼고, 스마트폰은 멈춰서 확인하는 습관을 들이자.

스몸비, 친구들에게도 알려 주자

친구가 길에서 스마트폰만 보고 있다면, 위험하지 않도록 살짝 알려 주자. 친구가 안전하게 길을 건널 수 있도록 알려 주는 것도 아주 중요한 일이야.

위험한
스몸비 사고

서울연구원 조사에 따르면 서울 시민 10명 중 7명이 걸으면서 스마트폰을 사용하고, 특히 15세부터 39세까지는 사용률이 약 85퍼센트가 넘는다고 해. 또 2022년 국토교통부 자료를 보면 건널목을 건너면서 스마트폰을 사용하는 사람도 14퍼센트 정도 된대.

이렇게 스마트폰을 보며 걷다 보면 앞을 살피는 비율이 약 15퍼센트 줄고, 시야도 56퍼센트나 좁아져. 그러다 보니 자동차나 장애물을 미처 보지 못해 사고가 나는 경우가 많아.

이어폰 사용도 문제야. 요즘 **노이즈 캔슬링** 기능이 있는 이어폰을 많이 쓰는데, 이 기능은 주변 소리를 거의 들을 수 없게 만들어서 더 위험해. 한 조사에서는 길을 걷는 사람 중 약 70퍼센트가 이어폰을 끼고 있었고, 그중 많은 사람이 위험한 상황을 피하지 못해 사고를 당했다고 해. 실제로 매년 **스몸비**로 인해 다치거나 목숨을 잃는 사람이 1,300명 이상이라고 하니 정말 무섭지 않니?

지하철에서도 스마트폰을 보다가 발 빠짐 사고를 당하는 사람이 늘고 있어. 서울교통공사 자료를 보면, 2020년부터 3년 동안 지하철 승강장에서 발생한 발 빠짐 사고는 136건이었고, 그중 57.3퍼센트가 20~30대였대. 대부분 스마트폰을 보거나 이어폰을 착용하고 있어서 앞을 제대로 보지 못한 게 사고 원인이었지.

전문가들은 "앞을 보고 걸어도 사고가 날 수 있으니 길을 걸을 때는 휴대 전화를 사용하지 말고, 이어폰도 한쪽만 끼거나 아예 사용하지 않는 것이 좋다."라고 조언했어.

노이즈 캔슬링의
원리

요즘 많은 친구들이 사용하는 이어폰에는 노이즈 캔슬링 기능이 있어. '노이즈(noise)'는 '소음'을 뜻하고, '캔슬링(canceling)'은 '차단하다'라는 뜻이야. 이 기능 덕분에 시끄러운 곳에서도 음악을 더 잘 듣고, 영상도 편하게 볼 수 있지. 그런데 노이즈 캔슬링이 어떻게 작동하는지 궁금하지 않아?

우리가 듣는 소리는 사실 공기 중을 퍼져 나가는 **파동**이야. 잔잔한 연못에 돌을 던지면 동그란 물결이 퍼지는 것처럼 소리도 파동으로 움직여. 그런데 연못에 돌을 두 개 던지면 두 물결이 만나서 겹치기도 하고, 반대로 서로를 없애기도 하지. 두 파동이 반대 방향으로 만나면 물결이 사라지고 연못이 다시 잔잔해지는 것처럼 말이야.

노이즈 캔슬링 이어폰도 바로 이 원리를 사용해. 밖에서 시끄러운 소리가 들리면, 이어폰 안에 있는 마이크가 그 소리를 빠르게 감지해. 그런 다음 그 소리와 똑같은 반대 방향의 파동을 만들어서 서로를 없애 버리는 거야. 예를 들어, 자동차 소리가 들리면 이어폰이 그 소리와 반대되는 소리를 내서 우리가 그 소리를 듣지 못하게 하는 거지. 그래서 시끄러운 곳에서도 조용하게 음악을 들을 수 있는 거야.

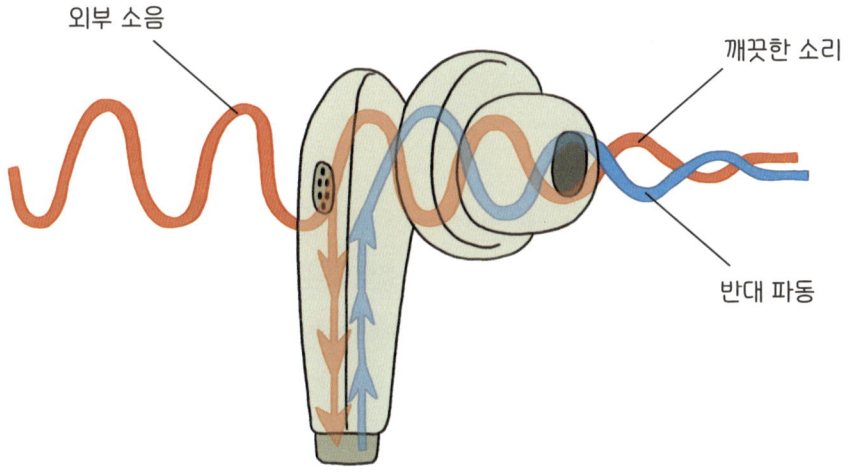

외부 소음

깨끗한 소리

반대 파동

스마트폰
사용 시간 기록하기

스마트폰을 똑똑하게 사용하려면 먼저 내가 지금 스마트폰을 어떻게 쓰고 있는지 알아야 해. 스마트폰에는 공부를 도와주는 앱도 많지만, 나도 모르게 시간을 잡아먹는 앱도 많지. 일주일 동안 나의 스마트폰 사용 습관을 직접 관찰하고 기록해 볼까? 내가 스마트폰을 얼마나 오래 쓰는지 어떤 앱을 가장 많이 쓰는지 확인하면 앞으로 스마트폰을 더 현명하게 사용하는 방법을 찾을 수 있을 거야. 스스로 습관을 되돌아보는 것이 똑똑한 사용의 첫걸음이란 걸 기억하자!

○ 활동 방법

스마트폰 사용 시간 확인하기
아이폰에서는 '스크린 타임'을, 안드로이드 폰에서는 '디지털 웰빙'을 사용해서 일주일 동안 스마트폰을 얼마나 썼는지 확인해 보자.

일주일 동안 매일 기록하기
하루 동안 가장 많이 사용한 앱 세 가지와 사용 시간을 일주일간 매일 기록표에 적어 보자. 일주일 뒤에 내가 가장 자주 쓴 앱 세 개를 고르고 어떤 용도로 사용했는지 해당하는 말에 동그라미로 표시해 봐!

활동을 마치고 느낀 점 쓰기

뒷장에 나오는 스마트폰 사용 시간 기록표를 완성한 뒤에 아래 질문에 대한 내 생각을 적어 보자.

1. 내가 생각했던 것보다 스마트폰을 (더 많이 / 비슷하게 / 더 적게)
   사용하고 있었다.

2. 앞으로 사용 시간을 줄이고 싶은 앱은 (   )이다.
   그 이유는 _____

   _____

3. 사용 시간을 늘리고 싶은 앱은 (   )이다.
   그 이유는 _____

   _____

○ 스마트폰 사용 시간 기록표

사용 시간 \ 요일	월요일	화요일	수요일	목요일
1위	앱 이름 :_____ 사용 시간 :_____	앱 이름 :_____ 사용 시간 :_____	앱 이름 :_____ 사용 시간 :_____	앱 이름 :_____ 사용 시간 :_____
2위	앱 이름 :_____ 사용 시간 :_____	앱 이름 :_____ 사용 시간 :_____	앱 이름 :_____ 사용 시간 :_____	앱 이름 :_____ 사용 시간 :_____
3위	앱 이름 :_____ 사용 시간 :_____	앱 이름 :_____ 사용 시간 :_____	앱 이름 :_____ 사용 시간 :_____	앱 이름 :_____ 사용 시간 :_____
총 사용 시간				

금요일	토요일	일요일	가장 많이 사용한 앱	용도
앱 이름 :_____ 사용 시간 :_____	앱 이름 :_____ 사용 시간 :_____	앱 이름 :_____ 사용 시간 :_____	(예: 유튜브)	학습 소통 놀이
앱 이름 :_____ 사용 시간 :_____	앱 이름 :_____ 사용 시간 :_____	앱 이름 :_____ 사용 시간 :_____	(예: 로블록스)	학습 소통 놀이
앱 이름 :_____ 사용 시간 :_____	앱 이름 :_____ 사용 시간 :_____	앱 이름 :_____ 사용 시간 :_____	(예: 카카오톡)	학습 소통 놀이

2장

스마트폰,
안전하게 사용하자

1. 온라인 친구가 사진을 보내 달래

온라인에서 소통할 때 무엇을 조심해야 할까?

모르는 사람은 경계하자

혹시 낯선 사람에게 메시지를 받은 적 있니? 신기하고 설레기도 하겠지만, 사실 이런 메시지는 위험한 함정일 수 있어! 온라인에서 모르는 사람이 친절하게 다가오면 일단 조심하는 것이 좋아. 특히 지나치게 친절하거나 나이가 많은 사람이 다가올 때는 더 경계해야 해. 나쁜 목적이 있을 수도 있거든.

개인 정보는 함부로 알려 주면 안 돼!

아무리 멋지고 친절해 보여도 이름이나 주소 같은 개인 정보는 절대 알려 주면 안 돼! 이런 정보가 나쁜 사람 손에 들어가면 큰일이 생길 수 있어.

믿을 수 있는 어른에게 상담하자

모르는 사람에게 이상한 메시지를 받았다면, 바로 부모님이나 믿을 수 있는 어른에게 알려야 해. 어른과 함께 상황을 살펴보고 해결하는 것이 가장 안전한 방법이야.

온라인 그루밍과 프로필의 허점

온라인 그루밍은 나쁜 사람들이 인터넷을 이용해서 어린이와 청소년을 속이고 나쁜 행동을 강요하거나 유도하는 범죄야. 이들은 주로 SNS, 메신저, 게임 채팅 같은 곳에서 친절하게 다가와 신뢰를 얻으려 해. 좋은 친구나 친절한 오빠, 누나처럼 행동하지만 사실은 나쁜 마음을 품고 있는 경우가 많아.

특히 **온라인 프로필**의 허점이 많아서 조심해야 해. 온라인에서는 누구나 프로필을 마음대로 꾸밀 수 있어서, 어른이 어린아이인 척하거나 가짜 사진을 올리는 경우도 많아. 이처럼 조작이 쉬운 환경에서는 상대가 누구인지 정확히 알기 어려워. 그래서 SNS나 메신저에서 만난 사람을 쉽게 믿으면 안 돼.

그루밍 가해자는 친구처럼 친근하게 행동하다가, 나중에

는 개인 정보를 묻거나 사진을 보내 달라는 등 이상한 요구를 할 수 있어. 처음에는 친절했더라도 그런 요구를 한다면 위험한 사람일 수 있다는 걸 꼭 기억해.

　　온라인에서는 상대가 누구인지 알기 어렵기 때문에 낯선 사람이 다가오면 항상 조심해야 해. 조금이라도 이상하다면 대화를 멈추고, 믿을 수 있는 어른에게 꼭 알리도록 하자.

≫ 온라인 그루밍 안심 앱

온라인 그루밍 안심 앱은 여성 가족부, 방송통신위원회, 경찰청이 함께 운영하는 앱이야. SNS 등 온라인 활동 중 온라인 그루밍을 겪거나 의심될 경우, 바로 피해를 접수할 수 있어. 혹시 의심되는 상황이 있으면 앱으로 피해를 접수하도록 하자.

위험한 디지털 성범죄

디지털 성범죄는 다른 사람의 몸이나 **성적 권리**를 침해하는 범죄야. 허락 없이 몸을 찍거나, 성적인 사진이나 영상을 만들고 퍼뜨리는 행위도 포함돼. 그걸로 협박하거나 몰래 저장하는 것도 모두 디지털 성범죄에 속해.

이런 범죄는 주로 어린이와 청소년을 노려. 처음에는 친절하게 말을 걸다가, 점점 성적인 요구를 하면서 사진이나 영상을 보내 달라고 할 수 있어. 거부하면 협박하거나 다른 사람에게 알리겠다고 위협하기도 하지.

2023년 여성 가족부 조사에 따르면 피해자의 평균 나이는 14살이고, 13세 미만 피해자도 24.3퍼센트나 됐대. 특히 피해자 10명 중 3명 이상이 인터넷에서 알게 된 사람에게 피해를 입었고, 대부분 채팅 앱이나 SNS, 메신저를 통해 만났다고 해.

　채팅을 하다가 조금이라도 이상한 느낌이 들면 바로 대화를 멈추고, 믿을 수 있는 어른에게 알려야 해. 디지털 성범죄는 우리의 안전을 위협하는 심각한 문제니까 항상 조심하고 안전하게 인터넷을 사용하는 습관을 들이는 것이 중요해.

≫ 디지털 성범죄 예방 교육

한국양성평등교육진흥원 교육 플랫폼 '디클'

https://dicle.kigepe.or.kr/kigepe/intro.do

≫ 디지털 성범죄 신고

사이버경찰청 112

방송통신심의위원회 1377

≫ 상담 및 불법 촬영물 삭제 지원

여성긴급전화 국번 없이 1366 (365일, 24시간 상담 가능)

중앙디지털성범죄피해자지원센터 02-735-8994

2. 친구가 내 사진을 SNS에 올렸어

SNS에 친구 사진을 올리려면

허락을 받아야 하는 걸까?

친구에게 말해 보자

친구가 네 사진을 허락 없이 프로필에 올렸다면, '초상권 침해'가 될 수 있어. 서로의 얼굴과 권리를 존중해야 하는 이유를 친구에게 차분히 이야기해 보자. 친구도 네 기분을 이해하고 사진을 내려 줄 거야. 친구의 프로필이라도 내 사진을 올리려면 반드시 내 허락이 필요해!

사진 편집 앱을 사용해 봐

만약 친구가 너와 함께 찍은 사진을 꼭 올리고 싶어 한다면, 사진 편집 앱으로 네 얼굴을 가릴 수 있어. 이렇게 하면 서로의 기분도 지키면서 사진도 올릴 수 있겠지?

문제가 생겼을 땐 어른에게 알리자

친구가 네 말을 듣지 않거나 무시한다면, 부모님이나 선생님께 알리도록 하자. 분명 문제를 잘 해결할 방법을 알려 주실 거야.

초상권이란 무엇일까?

초상권은 내 얼굴이나 모습이 허락 없이 찍히거나 공개되지 않을 권리야. 간단히 말해 친구가 내 사진을 찍거나 그 사진을 인터넷에 올릴 때 반드시 허락을 받아야 한다는 거야. 이건 우리가 일상에서 꼭 알고 지켜야 하는 중요한 권리 중 하나야.

예를 들어, 누군가 내 사진을 허락 없이 인터넷에 올리거나 프로필에 쓰면 내 초상권을 침해하는 일이 될 수 있어. 요즘은 인터넷이나 SNS처럼 사진이 빠르게 퍼지는 공간이 많아서, 초상권이 점점 더 중요해지고 있지.

사람들은 종종 초상권의 중요성을 잊고, 친구나 가족의 사진을 허락 없이 올리고는 해. 하지만 가까운 사이라고 해도 허락 없이 사진을 올리면 문제가 될 수 있어. 그 사진이 어떻게 쓰일지, 어떤 영향을 줄지 모르기 때문이야.

초상권은 단순히 내 모습을 보호하는 것뿐만 아니라 내 이미지나 명예를 보호하는 역할도 해. 누군가가 내 사진을 허락 없이 사용해서 나쁜 의도로 활용하면 내 명예를 해칠 수도 있어. 그래서 초상권을 지키는 건 매우 중요한 일이야.

3. 중고 거래, 믿어도 될까?

중고 거래 앱을 안전하게 사용하려면

어떻게 해야 할까?

거래 전에 판매자 정보를 확인하자

물건을 구매하기 전에 판매자의 연락처나 계좌 번호를 포털이나 '더치트' 같은 사기 정보 공유 사이트에 검색해 보자. 사기로 신고된 번호나 계좌 번호를 확인할 수 있어. 사기꾼은 같은 방법으로 여러 번 사기를 치기도 하니까, 미리 확인하는 것만으로도 큰 도움이 될 거야.

가격이 너무 저렴하면 의심해 보자

비싼 물건이 너무 저렴한 가격으로 올라와 있다면 사기이거나 훔친 물건일 가능성이 있어. '이게 진짜일까?'라는 생각이 든다면 조금 더 신중하게 판단하는 것이 좋아.

직거래는 꼭 보호자와 함께하자

혼자 직거래하는 건 위험할 수 있어. 그러니 보호자와 함께 나가 직접 물건을 확인하고, 그 자리에서 안전하게 거래하자. 사소해 보여도 안전이 가장 중요해!

거래 내역과 대화 내용을 보관하자

중고 거래를 할 때 거래 내역과 대화 내용을 잘 보관하자. 이런 자료가 있으면 사기 문제가 생겼을 때 신고하거나 문제를 해결하는 데 큰 도움이 될 거야.

전자 거래 사기를 조심해

"저, 혹시 당근이세요?"라는 말 들어 봤니? 여기서 말하는 '당근'은 우리가 먹는 채소가 아니라, 요즘 사람들이 자주 쓰는 **중고 거래** 앱을 말해. 필요 없는 물건을 팔거나 사고 싶던 물건을 싸게 살 수 있어서 인기가 많지. 하지만 안타깝게도 이런 중고 거래가 사기로 이어지는 경우가 많아.

전자 거래 사기는 인터넷이나 앱으로 물건을 사고팔 때 일어나는 범죄야. 예를 들어, 판매자가 돈만 받고 물건을 보내지 않거나, 엉뚱한 물건을 보내는 일이 대표적이지. '당근'은 자신이 사는 지역을 인증해야 거래할 수 있어서, 주로 동네 사람들과 직접 만나 물건을 주고받는 **직거래**가 이루어져. 상대방을 직접 만날 수 있어서 비교적 안전하지. 하지만 멀리 있는 사람과 택배로 거래하는 비대면 거래는 위험이 훨씬 커.

특히 최근에 전자 거래 사기가 크게 늘었어. 2023년에 우리나라에서 발생한 중고 거래 사기 피해 금액은 무려 2,600억 원이었다고 해. 피해자 대부분이 10대에서 30대 사이였지.

게다가 보이스 피싱 범죄 조직이 중고 거래 앱까지 노리고 있어. 가짜 안전 결제 사이트를 만들거나, 인공 지능(AI)을 이용해서 제품 사진을 조작하는 등 사기 수법이 점점 더 교묘해지고 있지.

중고 거래 물건은 보통 몇만 원에서 몇십만 원 정도라, 피해 금액이 크지 않아 경찰이 해결하기 어려운 경우도 많아. 그래서 미리 예방하는 것이 가장 중요해. 낯선 사람과 거래할 땐 항상 조심하고, 직접 만나서 물건을 확인한 뒤에 돈을 주는 습관을 들이자.

중고 거래, 왜 유행일까?

한국인터넷진흥원에 따르면 2023년 우리나라 중고 거래 앱의 거래액이 약 30조 원을 넘어섰대. 중고 거래 앱이 없었다면, 누군가는 물건을 방치하고, 또 누군가는 새 제품을 사느라 돈을 더 썼을 거야. 그러니까 중고 거래 앱이 많은 돈과 자원을 절약해 준 셈이지.

그럼 중고 거래에는 또 어떤 장점이 있을까? 먼저 **환경 보호**에 도움이 돼. 새 제품을 사지 않고 기존 제품을 다시 사용하면 자원을 절약하고, 쓰레기를 줄일 수 있지. 이건 지구 환경을 지키는 데 아주 중요한 일이야.

또 **지역 사회의 친밀감과 유대감**을 높여 줘. 중고 거래 앱은 주로 같은 지역 사람들끼리 거래를 하니까 이웃 간의 교류가 더 활발해질 수 있어. 이렇게 해서 지역 사회의 관계가 더 돈

독해지는 거지.

그뿐만 아니라 중고 거래 앱은 우리에게 **편리함**을 제공해. 집에서 간편하게 물건을 사고팔 수 있고, 거래하면서 물건의 상세한 정보와 사용 후기를 직접 들을 수 있어.

이처럼 중고 거래 앱은 안전하게 사용하면 다양한 장점을 누릴 수 있어. 하지만 항상 안전을 최우선으로 생각하며 사용하는 게 중요해!

4. 공유만 해도 잘못일까?

인터넷에 올라온 콘텐츠를

친구에게 보내는 것만으로도 문제가 될까?

저작권을 보호하자

인터넷에 올라온 모든 콘텐츠는 누군가의 저작물이야. 만든 사람의 허락 없이 콘텐츠를 함부로 퍼뜨리면 저작권 침해가 될 수 있어.

사생활 침해를 조심하자

다른 사람의 개인 정보가 들어 있는 사진이나 영상을 공유하면 사생활 침해가 될 수 있어.

사실을 확인하자

친구가 보낸 콘텐츠라도 사실인지 먼저 확인해야 해. 확인되지 않은 정보나 개인의 생각을 그대로 퍼뜨리면 잘못된 정보를 전하게 될 수 있어.

신중하게 공유하자

콘텐츠를 공유하기 전에 '이걸 공유해도 될까?' 하고 한 번 더 생각해 보자. 인터넷에 올라간 정보는 눈 깜짝할 사이에 퍼져서 완전히 지우기 어려워. 그러니 항상 신중하게 행동하자.

내가 올린 콘텐츠, 책임은 누구에게 있을까?

인터넷에서는 콘텐츠가 순식간에 퍼져. 그 이유는 복사하고 전송하는 게 너무 간단하기 때문이야. 예를 들어, 친구에게 보낸 사진이 친구의 친구, 또 그 친구의 친구에게까지 퍼져 나가면서 인터넷 구석구석까지 빠르게 전파되는 거지.

여러 앱과 사이트에 퍼진 콘텐츠를 전부 찾아서 지우는 건 사실상 불가능해. 한 사이트에서 삭제해도 이미 다른 사이트 나 소셜 미디어에 퍼졌다면, 그걸 전부 지우기란 현실적으로 어렵거든. 그래서 콘텐츠를 공유할 때는 항상 한 번 더 생각 하는 게 좋아.

내가 무심코 올린 콘텐츠에 프라이버시를 침해하거나 문 제가 될 만한 내용이 담겨 있다면, 심각한 일이 벌어질 수도 있어.

프라이버시는 내 사생활을 보호할 권리야. 내 개인적인 행동이나 대화, 다른 사람이 알아서는 안 되는 정보를 노출되지 않도록 지키는 거지. 예를 들어, 내가 친구랑 나눈 개인적인 대화나 사진이 다른 사람에게 퍼지면, 그건 내 프라이버시를 침해하는 거야.

개인 정보는 이름, 전화번호, 주소 같은 내 소중한 정보를 말해. 이런 정보가 노출되면 누군가가 나쁜 일에 이용할 수 있어. 그래서 개인 정보는 특히 조심해서 다뤄야 해.

프라이버시와 개인 정보를 함부로 공유하는 문제는 콘텐츠를 만든 사람만의 책임이 아니야. 그 정보를 퍼뜨린 사람에게도 같은 책임이 있어. 그래서 콘텐츠를 공유하기 전에 그 내용이 괜찮은지, 공유해도 되는지 확인하는 습관을 들이는 게 중요해.

5. 챗GPT야, 방학 숙제 대신해 줘!

인공 지능을 사용할 때, 어떤 점을 조심해야 할까?

인공 지능 사용 연령을 확인하자

대부분의 인공 지능은 만 13세 미만 어린이의 사용을 제한하고 있어. 그러니 연령 제한을 꼭 확인하고, 부모님과 함께 쓰거나 나이에 맞는 도구를 사용하는 게 좋아.

스스로 생각할 기회를 놓치지 말자

숙제를 전부 인공 지능에게 맡기면 당장은 편하겠지만, 나중에 혼자 해야 할 때는 힘들 수 있어. 숙제는 내가 직접 생각하고 배우는 과정이야. 인공 지능이 대신해 주면 배움과 성장의 기회를 놓칠 수 있어.

저작권 침해를 주의하자

인공 지능이 다른 사람의 저작물을 그대로 사용하면 저작권 침해가 될 수 있어. 법적인 문제가 생길 수도 있으니까 항상 출처를 확인하도록 하자.

정보는 꼭 다시 확인하자

인공 지능이 말하는 내용이 항상 정답은 아니야. 사실과 다르게 말할 때도 있으니까 중요한 내용은 한 번 더 확인하는 게 좋아.

인공 지능이 만든 작품, 누구의 작품일까?

인공 지능은 많은 데이터를 학습해서 사람처럼 글을 쓰거나 그림을 그릴 수 있어. 그런데 중요한 점은 바로 **저작권**이야. 저작권은 글, 그림, 음악 등 내가 만든 작품을 보호하는 권리야. 내 작품을 다른 사람이 허락 없이 사용하는 걸 막아 주는 역할을 하지.

인공 지능이 만드는 콘텐츠는 기존 자료를 바탕으로 만들어져. 즉 인공 지능은 기존 콘텐츠를 학습해서 새로운 것을 만들어. 이 과정에서 다른 사람의 저작물이 일부 사용될 수 있어서, 결과물이 저작권을 침해할 위험이 있어.

최근에는 인공 지능이 만든 작품이 미술, 음악, 글쓰기 대회에서 상을 받으면서 더 큰 논란이 되고 있어. 사람들은 인공 지능이 만든 작품이 과연 창작물로 인정될 수 있는지, 그

AI가 만든 그림

작품의 저작권은 누구에게 있는지 의문을 가지기 시작했어.

　이런 논란은 앞으로 인공 지능과 저작권 문제를 더 많이 고민해야 한다는 걸 보여 줘. 인공 지능을 사용할 때는 결과물에 대한 책임과 권리를 잘 이해하고, 조심해서 사용하는 게 중요해. 만약 인공 지능의 도움을 받았다면 출처를 명확히 밝히는 것도 잊지 말아야 해.

　마지막으로 대부분의 인공 지능은 만 13세 미만 어린이의 사용을 제한하고 있어. 사용하고 싶다면 부모님이나 선생님과 함께 쓰거나, 나이에 맞는 도구를 선택해 보자!

6. "축하합니다! 1등 당첨!" 누를까, 말까?

진짜처럼 보이는 스미싱, 어떻게 피할 수 있을까?

○ 스미싱을 알아 두자

"축하해요! 최신 휴대폰 반값 쿠폰에 당첨되었어요!" 이런 문자 받아 본적 있니? 조심해! 이런 문자는 스미싱일 수 있어. 스미싱은 문자 메시지를 이용해 사람들을 속이는 피싱 사기를 말해.

○ 낯선 링크는 클릭하지 말자

당첨 문자에 있는 링크를 눌러 보고 싶겠지만 절대 클릭하면 안 돼. 개인 정보를 빼앗거나 돈을 훔치려는 함정일 수도 있거든.

○ 발신자 번호를 검색해 보자

문자를 보낸 번호가 이상하다고 느껴지면, 그 번호를 인터넷에 검색해보자. 다른 사람도 같은 번호로 스미싱을 당했는지 확인할 수 있어. 물론 인터넷에 나오지 않는 번호라도 무조건 안심해서는 안돼.

○ 개인 정보는 알려 주지 말자

스미싱 메시지가 이름, 주소, 비밀번호 같은 개인 정보를 물어봐도 절대알려 주지 마. 특히 주민 등록 번호나 부모님의 은행 정보는 매우 중요한 정보니까 더욱 조심해야 해.

스미싱,
왜 위험할까?

스미싱은 문자 메시지를 이용해 사람을 속이는 피싱 사기의 한 종류야. 그런데 '스미싱'이라는 단어가 어떻게 만들어졌는지 궁금하지 않아? 스미싱(Smishing)은 SMS(문자 메시지)와 피싱(Phishing)을 합친 말이야. 즉 문자 메시지를 이용해서 개인 정보를 몰래 **빼내는** 사기 수법이지.

스미싱 사기꾼들은 "경품에 당첨됐어요!", "무료 쿠폰 드려요!" 같은 문자를 보내서 사람들의 관심을 끌려고 해. 그런데 그 문자에 있는 링크를 아무 생각 없이 누르는 순간, 너의 개인 정보가 **빠져나가거나** 스마트폰에 악성 프로그램이 몰래 설치될 수 있어.

악성 프로그램이 설치되면 사기꾼은 너의 사진이나 동영상, 심지어 아이디와 비밀번호까지 훔칠 수 있어. 심지어 네 스마트폰을 멋대로 조종할 수도 있지. 어떤 경우에는 네 부모님에게 문자를 보내 부모님 스마트폰에도 해로운 앱을 설치할 수 있어. 이렇게 되면 가족 모두가 피해를 볼 수도 있는 거야.

스미싱은 단순한 장난이 아니야. 아주 위험하고 많은 사람이 피해를 보는 범죄야. 그래서 문자를 확인할 때는 항상 조심해야 해. 모르는 번호로 온 메시지에 이상한 링크가 있다면, 절대로 누르지 말고 믿을 만한 어른에게 꼭 알려야 해.

최신 스미싱 수법
알아 두기

요즘 스미싱 사기꾼들의 수법이 점점 더 교묘해지고 있어. 문자 한 통으로 너의 소중한 정보를 훔칠 수 있거든. 최근 자주 쓰이는 스미싱 수법을 알려 줄게. 아래와 같은 문자를 받으면 절대로 링크를 함부로 눌러서는 안 돼!

1. 택배 사칭 메시지

[사과택배]고객님 택배가 도착하였습니다. 확인해 주세요.

apple@aj*no*.c*m

2. 공공 기관 사칭 메시지

검찰로 사건 송치되었습니다.

b*t.l*/1G*71*D

3. 소액 결제 알림 메시지

고객님, 결제가 완료되었습니다.

www.gr*p.k*/ sj*7

4. 지인 사칭 메시지

잔☆치☆초☆대☆장 보냈습니다.

Caj*no*.c*m

5. 사회 이슈 메시지

월드컵 거리 응원 장소 어디일까요?

응원 장소 확인!

http://exa%mp@le.com

스미싱은 장난이 아니라 정말 위험한 사기야. 항상 경계심을 갖고, 수상한 문자를 받았을 때는 한 번 더 생각하고 조심스럽게 행동해야 해!

7. 유튜브에서 이상한 영상을 봤어

유튜브에 유해한 영상이 자꾸 뜨면

어떻게 해야 할까?

즉시 시청을 중단하자

유해 콘텐츠는 우리에게 나쁜 영향을 줄 수 있어. 유튜브에서 자극적이거나 불쾌한 영상이 나오면 바로 시청을 멈추자. 그리고 안전한 영상으로 넘어가는 게 좋아.

'싫어요'를 누르거나 신고하자

영상이 부적절하거나 위험하다고 느껴지면 '싫어요'를 누르거나 신고 기능을 사용해 보자. 유튜브에는 이상한 영상을 신고할 수 있는 기능이 있어서, 다른 친구들이 보지 않도록 도울 수 있어.

댓글이나 리뷰를 남기자

영상의 문제점을 댓글로 알려 줄 수도 있어. 단, 댓글을 쓸 땐 예의를 지키고 정중하게 말하는 것이 중요해. 내 댓글이 다른 친구들에게 도움이 될 수 있어.

유해 콘텐츠, 어떤 영향을 줄까?

유튜브에서 유해한 콘텐츠를 자주 보면, 우리 생각이나 행동에 나쁜 영향을 줄 수 있어. 처음엔 그냥 웃고 넘길 수 있지만, 자꾸 보다 보면 그런 장면들이 마음속에 스며들어 문제가 될 수 있어. 어떤 점이 위험한지 함께 살펴보자.

먼저 마음이 불안해지고 걱정이 많아져. 폭력적이거나 무서운 영상을 보면 그 장면이 머릿속에서 쉽게 지워지지 않아. 밤에 잠들기 어렵거나 악몽을 꾸기도 해. 괜히 혼자 있는 게 무섭고, 마음이 계속 불편해질 수 있어.

또 나쁜 행동을 따라 하게 돼. 영상에 나오는 과격한 장난이나 위험한 행동을 따라 하고 싶은 마음이 생기는 거지. 친구들과 놀다가 영상에서 본 장면을 흉내 낼 수도 있어. 그런데 그런 행동은 다른 사람을 놀라게 하거나, 다치게 할 수 있어서 정말 위험해.

　마지막으로, 옳지 않은 생각을 하게 돼. 몰래카메라나 욕설이 나오는 콘텐츠를 자주 보면, 사람들을 놀라게 하거나 곤란하게 만드는 행동이 재미있고 멋져 보인다고 착각할 수 있어. '다른 사람을 속여도 괜찮다'거나 '욕을 하면 더 유명해질 수 있다'는 잘못된 생각이 쌓이면, 말과 행동이 거칠어질 수 있어. 그러니 유해한 영상은 바로 시청을 멈추고, 마음이 불편하면 믿을 만한 어른에게 알려야 해.

유튜브의 심의 알고리즘

유튜브에는 유해 콘텐츠를 막기 위한 **심의 알고리즘**이 있어. 이 알고리즘은 과도한 노출이나 성적인 내용, 증오를 조장하는 내용, 저작권 위반 등을 기준으로 유해 콘텐츠를 찾고 거르는 역할을 해. 문제가 되는 영상에는 '노란딱지'가 붙어 광고 수익이 줄어들기도 하지. 또 추천 알고리즘에서 밀려 다른 사람들에게 덜 보이게 되고, 심한 경우 영상이 삭제되기도 해. 이 알고리즘 덕분에 유튜브는 하루에 약 9만 개의 영상을 삭제할 수 있어.

하지만 알고리즘에도 한계가 있어. 예를 들어, 예술 작품에 사람이 맨몸으로 나오거나, 월경대 소개 같은 영상이 성적인 콘텐츠로 잘못 판단돼 삭제된 적도 있었지. 또 같은 영상이라도 언어에 따라 심의 결과가 달라질 수 있어. 알고리즘이 계속 발전하고 있지만, 좋고 나쁨의 기준은 사람마다 달라서 완벽하게 유해 콘텐츠를 차단하기는 어려워. 그러니 우리는 알고리즘의 한계를 이해하고, 스스로 콘텐츠를 올바르게 판단하는 능력을 키워야 해.

유해한 영상을 보면 바로 시청을 멈추고, 꼭 신고하자. 영상을 넘기지 말고, '싫어요' 버튼을 누르는 방법도 있어. 이렇게 하면 다른 사람들이 댓글이나 '싫어요' 수를 보고 문제 영상을 더 빨리 인식할 수 있어. 결국 나쁜 콘텐츠가 더 빠르게 사라지도록 돕는 거지. 그러니 콘텐츠를 볼 때는 항상 조심하고, 스스로 올바르게 판단하는 습관을 가지자!

8. 광고가 나를 감시하는 것 같아

내가 고민하던 그 제품이 광고로 딱!

어떻게 된 걸까?

맞춤형 광고를 알아보자

인터넷에서 검색한 물건이 광고로 계속 나온 적 있지? 바로 그걸 '맞춤형 광고'라고 해. 맞춤형 광고는 네 검색 기록을 보고, 관심 있을 만한 상품을 보여 주는 방법이야. 그래서 우리는 무심코 광고를 더 많이 누르게 돼.

광고를 보는 똑똑한 습관을 기르자

같은 광고가 자꾸 눈앞에 나타난다면 왜 그런 걸까 한 번 생각해 봐. 그리고 광고 속 물건이 나에게 정말로 필요한지 다시 한번 꼼꼼하게 살펴보자!

개인 정보 보호 설정을 확인하자

브라우저나 앱에서 개인 정보 보호 설정을 바꾸면 맞춤형 광고를 줄일 수 있어. 복잡해 보이지만 간단한 설정만으로도 네 정보를 안전하게 지킬 수 있어.

추적 방지 도구를 사용하자

광고가 따라다니지 않게 하려면 광고 차단 기능이나 추적 방지 도구를 써 보자. 이런 도구를 잘 활용하면 보기 싫은 광고를 덜 보게 될 거야.

맞춤형 광고의 비밀, 인터넷 쿠키

맞춤형 광고는 어떻게 우리에게 딱 맞는 광고를 보여 줄까? 그 비밀은 바로 **인터넷 쿠키**에 있어. 쿠키는 인터넷을 할 때, 웹사이트가 우리 컴퓨터나 스마트폰에 저장하는 작은 기록 파일이야. 이 파일에는 우리가 방문한 사이트와 검색한 정보가 저장돼. 예를 들어, 운동화를 검색하면 그 정보가 쿠키에 저장되는 거지.

광고 회사는 이 정보를 바탕으로 우리가 관심 있어 할 만한 광고를 보여 줘. 그래서 운동화 광고가 계속 따라다니는 거야. 이렇게 광고를 계속 보게 되면 그 상품이 더 매력적으로 느껴지고, 결국 우리도 모르게 눌러 볼 가능성이 커지는 거야.

하지만 맞춤형 광고에는 몇 가지 문제가 있어. 먼저 우리가 인터넷을 어떻게 사용하는지 계속 기록해서 만들어지기 때문에 개인 정보가 많이 사용될 수 있어. 쿠키 덕분에 광고 회사는 우리의 관심사를 분석하고, 자주 방문하는 사이트에 맞춰 광고를 보여 주지. 하지만 너무 많은 정보가 노출되는 건 위험할 수 있어.

또 같은 광고를 계속 보면 필요하지 않은 물건을 충동적으로 살 수도 있어. '와, 이거 진짜 멋지다! 나한테 꼭 필요할 것 같아!' 하고 생각하게 되는 거지. 그래서 광고를 볼 땐 정말 필요한 물건인지 스스로 잘 판단하는 게 중요해.

어떻게 내 마음에 쏙 드는 운동화를 가져왔지?

이게 다 쿠키 덕분이죠!

광고인 줄 몰랐지?
바이럴 광고

만약 블로그에서 '가성비 보조 배터리 순위별 추천' 같은 글을 본다면, 1위 제품이 가장 믿음직하고 사고 싶을 거야. 그런데 그 글을 쓴 사람이 사실 보조 배터리 회사 직원이라면, 그 제품을 온전히 믿을 수 있을까?

이처럼 광고라는 사실을 숨기고 자연스럽게 퍼지는 광고 기법을 **바이럴 광고**라고 해. 요즘은 광고가 너무 많고 방법도 다양해서 사람들은 광고가 나오면 아예 보지 않으려고 하는 경우가 많아. 그래서 광고 회사들은 새로운 광고 기법을 찾기 시작했지. 그중 하나가 바로 바이럴 광고야.

바이럴 광고는 마치 바이러스처럼 사람들 사이에서 입소문으로 빠르게 퍼지는 특징이 있어. 사람들은 광고라는 걸 알아채지 못하고, 그 콘텐츠를 더 자연스럽게 믿고 자발적으로 친구들에게 알려 주기도 해.

　예를 들어, 나이키 광고는 운동하는 사람들의 모습을 보여 주면서 마지막에는 "Just Do It"이라는 문구를 강조했어. 이 광고는 사람들에게 '나도 운동하고 싶다'는 마음을 자연스럽게 불러일으켰지.

　바이럴 광고는 대놓고 제품의 장점이나 성능을 강조하지 않아. 대신 감동적인 이야기와 재미있는 콘텐츠, 따라 하고 싶은 챌린지 같은 다양한 형식으로 퍼져 나가지.

나이키의 'Just Do It' 광고 캠페인

9. 오늘도 유튜브 섬네일에 속았어

과장된 유튜브 섬네일에 속지 않으려면

어떻게 해야 할까?

과장된 표현을 의심하자

'충격', '비밀 공개', '꼭 봐야 할 진실' 같은 자극적인 단어가 들어간 섬네일은 의심해 봐야 해. 이런 표현들은 대부분 과장된 내용이거나, 실제와 다를 가능성이 크거든.

채널이 믿을 만한지 확인하자

영상을 보기 전에 그 채널이 신뢰할 만한 정보를 제공하는 곳인지 꼭 확인하자. 신뢰도가 낮은 채널일수록 거짓 정보나 과장된 표현을 많이 사용할 수 있어.

의심되는 내용은 여러 곳에서 찾아보자

영상의 내용이 의심스럽다면, 믿을 만한 곳에서 같은 정보를 찾아보자. 신뢰할 만한 사이트나 뉴스 기사 등 여러 정보를 비교해서 내용이 일치하는지 확인하는 게 중요해.

똑똑하게 판단하는 습관을 기르자

처음 본 정보는 완전히 믿지 말고, 다양한 정보를 검토하며 받아들이는 태도가 필요해. 그래야 가짜 뉴스나 거짓 정보에 속지 않고, 똑똑하게 판단할 수 있어.

자극적인 섬네일과 거짓 정보

유튜브에서 자극적인 **섬네일**(thumbnail)을 보고 클릭해 봤니? 그런데 막상 영상을 보면 섬네일과 다르거나 엉뚱한 내용일 때가 있어. 이런 걸 **어그로**(aggro)라고 해. 어그로는 사람들의 관심을 끌려고 일부러 자극적인 제목이나 섬네일을 사용하는 방식이야.

자극적이고 과장된 내용이 진짜처럼 보이면 사람들은 쉽게 속아 넘어가. 하지만 이런 허위 정보는 단순한 오해로 끝나지 않아. **음모론**이나 **가짜 뉴스**처럼 왜곡된 사실이 퍼지면, 사람들에게 잘못된 믿음을 심어 줄 수 있어.

예를 들어, "지구가 곧 멸망한다"는 자극적인 음모론이 유튜브에 퍼지면, 많은 사람이 그 내용을 믿고 불안해질 수 있어. 이렇게 과장된 정보가 퍼지면 사람들은 중요한 사실 대신 거짓을 믿게 되고, 결국 사회에 혼란이 생기기도 해.

그런데 더 큰 문제는 한번 퍼진 거짓 정보는 쉽게 바로잡을 수 없다는 거야. 잘못된 정보는 소문처럼 빠르게 퍼지지만, 그 출처를 찾고 진실을 밝히는 데는 시간이 오래 걸려. 그래서 유튜브에서 의심스러운 내용을 봤을 땐 '정말 믿어도 되는 정보일까?' 하고 한 번 더 생각해 보는 게 중요해.

거짓 정보나 가짜 뉴스가 더 퍼지지 않게 하려면 어떻게 해야 할까? 우선 자극적인 섬네일이나 제목을 보면 일단 의심하고, 스스로 정보를 확인하는 습관을 길러야 해. 그리고 거짓 정보를 보면 넘기지 말고, 신고해서 다른 친구들도 속지 않도록 도와주는 게 좋아.

팩트 체크 탐정단
출동!

이제 거짓 정보와 싸울 수 있는 무기를 하나 소개할게. 바로 **팩트 체크(Fact Check)**야! 팩트 체크는 많은 정보 속에서 진짜를 찾아내는 거야. 우리가 들은 이야기나 시청한 영상을 꼼꼼히 살펴보면서, 그 내용이 정말 사실인지 확인하는 일이야. 만약 팩트 체크를 하지 않으면 인터넷에 떠도는 거짓 정보에 쉽게 속을 수 있어.

팩트 체크는 처음엔 기자들이 신문이나 뉴스에 나오는 내용이 정확한지 하나하나 확인하는 일로 시작됐어. 마치 탐정이 단서를 따라 진실을 찾아가는 것처럼 말이야!

하지만 디지털 시대에는 상황이 훨씬 달라졌어. 사람들이 SNS나 뉴스에서 엄청나게 많은 정보를 접하게 되었거든. 그래서 그 정보가 진실인지 거짓인지 확인하는 과정이 꼭 필요해. 가짜 뉴스가 퍼지는 걸 막기 위해서 말이야.

세계 각지에는 팩트 체크를 전문으로 하는 기관들이 있어. 이들은 마치 진실을 찾아다니는 인터넷 탐정단 같아! 가짜 뉴스가 진짜처럼 퍼지기 전에 먼저 막아 주는 역할을 하지. 현재 활발하게 활동하는 대표적인 팩트 체크 기관들을 한번 알아볼까?

1. 팩트체크.org(FactCheck.org)

미국에서 시작된 기관이야. 정치인의 연설이나 뉴스에서 나오는 정보들이 사실인지 꼼꼼하게 분석해서 알려 주지.

2. IFCN(국제 팩트체킹 네트워크)

전 세계 팩트 체크 기관이 모인 글로벌 탐정단이야. 인터넷에 퍼지는 허위 정보와 뜨겁게 싸우면서, 진실을 밝혀내기 위해 노력하고 있지.

3. 다음뉴스 팩트체크

JTBC, KBS, MBC, SBS, YTN 등 주요 언론사의 팩트 체크 기사를 한곳에 모아 볼 수 있는 플랫폼이야. 다양한 시각의 팩트 체크 결과를 한눈에 비교하거나 확인할 수 있어.

10. 내 댓글이 악플이라고?

인터넷에 무심코 남긴 댓글,

괜찮을까?

말의 무게를 기억하자

악플은 온라인에서 가장 흔히 볼 수 있는 사이버 폭력이야. '이 정도쯤 이야' 하고 가볍게 남긴 댓글이 누군가의 마음을 아프게 하고, 오래도록 상처로 남을 수 있다는 걸 꼭 기억하자. 악플은 의견이 아니라 상대방의 마음을 찌르는 말이야. 댓글을 쓰기 전에 다른 사람의 기분을 상하게 하지 않을지 한 번 더 생각해 봐.

익명성 뒤에 숨지 말자

온라인에서 이름이 드러나지 않는다 해도, 내가 한 말에는 책임이 따라. 친구 앞에서 하지 못할 말이라면 온라인에서도 하지 말자. 익명성 뒤에 숨어 상처 주는 말을 하는 건 용기가 아니라 비겁함이야.

댓글을 신중하게 쓰자

인터넷에 한번 올라간 말은 쉽게 사라지지 않아. 그 말이 나중에 나한테 돌아올 수도 있고, 누군가를 오랫동안 괴롭힐 수도 있어. 그러니 댓글은 반드시 신중하게 쓰자.

악플 한마디가 만든 고통

악플은 단순히 댓글 몇 개로 끝나는 문제가 아니야. 그 댓글을 본 사람은 마음에 큰 상처를 입을 수 있고, 그 상처는 쉽게 나아지지 않아.

특히 악플이 반복되면 우울해지거나 불안해지는 등 정신적인 문제까지 생길 수 있어. 실제로 악플 때문에 마음의 병을 얻어 힘든 시간을 보낸 연예인들도 있어.

악플은 마치 눈에 보이지 않는 화살 같아. 겉보기엔 아무렇지 않아 보여도 속으로는 큰 아픔을 겪게 돼. 악플이 계속되면 자신감이 떨어지고 사람들 앞에 서는 것이 두려워져. 도움을 청하는 것도 망설이게 되고, 결국 '세상에 나를 도와줄 사람은 없어.', '나는 혼자야.'라고 생각하며 마음을 닫아 버릴 수도 있어.

악플의 피해는 댓글 하나에서 끝나지 않아. 피해자의 일상과 정신 건강에 오래도록 영향을 미치지. 무심코 남긴 댓글 하나가 누군가에게는 큰 상처로 남을 수 있어. 그래서 댓글을 쓰기 전에 꼭 신중하게 생각해 봐야 해.

인터넷 실명제를 둘러싼 두 가지 시선

악플 문제를 해결하기 위해 한때 **인터넷 실명제**를 도입하려고 한 적이 있었어. 사람들이 자신의 진짜 이름으로 댓글을 달면 더 책임감을 느끼고 악플을 덜 쓰게 될 거라고 기대했지. 하지만 이 시도는 결국 성공하지 못했어. 실명제를 시행하면 익명성이 주는 장점이 사라질 수 있다는 우려 때문이었지. 그렇다면 익명성이란 뭘까? 또 익명성은 어떤 장점과 단점이 있을까?

익명성이란 인터넷에서 자신의 진짜 이름을 숨기고 활동하는 걸 말해. 예를 들어, 게임을 할 때 닉네임이나 아이디를 쓰는 것처럼 말이지.

익명성은 사람들에게 자유롭게 의견을 표현할 수 있는 공간을 만들어 줘. 특히 소수자나 신분을 드러내기 어려운 사람들에게는 익명성이 든든한 보호막이 되기도 해.

하지만 익명성은 책임감을 약하게 만들 수도 있어. 이름을 숨기고 무책임하게 악플을 남기기 쉬워지거든. 익명성 뒤에 숨어 남에게 상처 주는 말을 서슴없이 하기도 해. 그래서 실명제를 도입하면 악플을 줄이는 데 도움이 될 거라고 생각한 거야.

결국 실명제 도입 시도는 표현의 자유와 익명성을 지키기 위해 중단되었어. 인터넷에서 익명성은 자유와 책임 사이에서 균형을 찾아야 하는 중요한 문제로 남아 있어. 우리는 두 가지 측면을 잘 이해하고, 언제나 책임감 있게 행동해야 해.

11. 스마트폰을
확인하기가 두려워

화면 뒤에 숨은 폭력,

사이버 폭력이란 무엇일까?

◦ 확실하게 거절 의사를 표현하자

혹시 SNS나 채팅방에서 누군가 널 괴롭힌다면, 아무리 작은 괴롭힘이라도 그냥 넘기지 말고 "싫어!"라고 분명하게 말해야 해. 처음부터 단호하게 거절하지 않으면 상대가 점점 더 심하게 괴롭힐 수 있어.

◦ 증거를 모아 두자

폭력적인 말을 들었거나 이상한 메세지를 받았다면 화면을 캡처하거나 녹음해서 증거를 남기자. 이런 증거는 나중에 큰 도움이 될 수 있어.

◦ 도움을 요청하고 신고하자

혼자서 해결하려고 하지 말고, 꼭 부모님이나 선생님께 알려야 해. 필요할 땐 117 학교 폭력 신고 센터나 학교 전담 경찰관에게 도움을 받을 수 있어.

◦ 마음을 잘 챙기자

괴롭힘을 당하면 몸과 마음이 많이 지칠 수 있어. 하지만 그건 절대 네 잘못이 아니야. 괴로울 때는 담임 선생님이나 상담 선생님과 이야기해 보자. 상처 받은 마음을 잘 돌보는 게 무엇보다 중요해.

사이버 폭력이란 무엇일까?

학교 폭력이 얼마나 위험한지 잘 알고 있지? 그런데 요즘은 이런 폭력이 온라인에서도 자주 일어나. 우리는 이걸 **사이버 폭력**이라고 불러. 사이버 폭력은 여러 가지 형태로 나타나. 처음에는 단순한 장난처럼 보일 수 있지만, 점점 더 심각하고 악의적인 행동으로 바뀌기도 해. 이런 괴롭힘은 피해자에게 큰 정신적 고통을 줄 수 있기 때문에, 그 유형과 심각성을 제대로 아는 게 중요해.

1. 사이버 언어폭력

채팅방, SNS, 게임 채팅 등에서 다른 사람에게 심한 욕을 하거나 놀리는 말을 하는 행동을 말해. 직접 얼굴을 보지 않는다고 해서 아무 말이나 해도 되는 건 아니야. 상대방에게 상처 주는 말은 절대 하지 말아야 해.

144

2. 사이버 따돌림

단체 채팅방에서 누군가를 계속 초대했다가 내보내거나, 여러 명이 한 친구를 비난하는 등 집단으로 괴롭히는 행동을 말해.

3. 사이버 명예 훼손

거짓 소문을 퍼뜨리거나, 사실이 아닌 사진이나 영상을 만들어 퍼뜨리는 행동이야. 설령 이야기가 사실이어도 상대방을 비방하는 내용이라면 명예 훼손이 될 수 있으니 주의해야 해.

4. 사이버 스토킹

누군가에게 계속해서 위협적이거나 불쾌한 메시지, 원치 않는 사진이나 영상을 반복해서 보내는 행동을 말해. 상대방이 무섭거나 싫다고 말하는데도 이런 행동을 계속하는 건 범죄야.

5. 개인 정보 유출

동의 없이 이름, 전화번호, 주소 같은 개인 정보를 온라인에 올리는 행동을 말해. 아무리 친한 친구라도 허락 없이 다른 사람의 정보를 공유하면 사이버 범죄가 될 수 있어.

딥페이크의
위험성

요즘 사이버 폭력은 점점 더 복잡하고 심각한 형태로 나타나고 있어. 그중 하나가 바로 **딥페이크**야. 딥페이크는 특정 인물의 얼굴이나 신체를 다른 영상에 합성하는 인공 지능 기술을 말해. 딥페이크로 친구나 지인의 사진을 조작하거나 민감한 동영상을 만들어 올리기도 해.

최근 딥페이크 범죄로 마음에 큰 상처를 입은 사람이 늘고 있어. 그 때문에 친구나 가족 간의 관계도 틀어지고, 혼자서 힘들어하는 경우가 많아.

딥페이크는 사람들의 삶을 조금 더 특별하고 재미있게 만들어 주는 기술이지만, 이런 기술을 이용해 친구를 놀리거나 괴롭히면 절대 안 돼. 딥페이크는 꼭 필요한 곳에만 올바르게 사용할 수 있도록 우리 모두 노력해야 해.

기관 이름	어떤 도움을 받을 수 있나요?	연락 방법
경찰청 사이버안전지킴이 (24시간 운영)	사이버 범죄를 신고하고 해결을 도와줘요.	☎ 112
안전Dream (24시간 운영)	학교 폭력이나 청소년이 해를 입을 수 있는 환경을 신고하고 상담할 수 있어요.	☎ 117
청소년1388 (24시간 운영)	친구, 가족, 학업, 인터넷 등 다양한 고민을 상담할 수 있어요.	☎ 1388
청소년 모바일상담센터 (24시간 운영)	스마트폰으로 언제든지 고민을 이야기할 수 있어요.	문자:1611-5004 앱: 다들어줄개 카카오톡 검색: 다들어줄개
푸른나무재단	학교 폭력을 당했거나 친구와 갈등이 있을 때 상담해 줘요. 심리적인 도움도 받을 수 있어요.	☎ 1588-9128 앱: 푸른코끼리 홈페이지도 있어요!

팩트 체크 탐정단:
가짜 뉴스를 구별하자!

스마트폰에는 세상의 온갖 재미있고 신기한 정보가 들어 있다는 걸 알고 있지? 하지만 그 속에는 우리를 속이려는 '가짜 뉴스(Fake News)'도 숨어 있어. 만약 가짜 뉴스를 진짜처럼 믿고 친구들에게 퍼뜨리면 어떤 일이 생길까? 큰 혼란이 생길 수도 있어. 게다가 요즘에는 딥페이크 기술로 진짜 같은 가짜 사진도 뚝딱 만들 수 있어서 가짜 뉴스를 구별하는 것이 더 어려워졌지.

이제부터 '팩트 체크 탐정단'이 되어 보자! 어떤 정보가 수상한지 의심하는 눈을 기르고, "이거 진짜일까?" 하고 꼼꼼히 구분하는 연습을 해 보는 거야. 아래 탐정 수첩을 보면서 가짜 뉴스를 구별하는 네 가지 중요한 질문도 함께 익혀 보자.

1. 두 뉴스를 보고 가짜 뉴스를 찾아봐!

A. 잠결에 약혼반지를 삼킨 신부

지난 15일(현지 시각) NBC 방송 등에 따르면, 미국 캘리포니아에 사는 제나 에번스는 지난 10일 약혼자와 고속 열차를 타고 가다 꿈을 꿨다. 꿈속에서 에번스는 누군가의 습격을 받아 2.4캐럿 다이아몬드가 박힌 약혼반

지를 빼앗기지 않기 위해 삼켜 버렸다.

잠에서 깬 에번스는 기묘한 꿈을 꿨다며 안도의 한숨을 쉬었지만, 손가락에 있던 약혼반지가 실제로 사라진 것을 깨닫고는 경악했다.

에번스는 응급실을 찾았고, 내시경 시술을 통해 창자에서 약혼반지를 찾아냈다.

2019년 9월 16일
SBS뉴스 이소현 기자

B. 손흥민 선수, 화성에서 어린이를 위한 자선 경기를 펼치다!

지구 축구의 영웅, 손흥민 선수가 사상 최초로 화성에서 어린이를 위한 특별한 자선 경기를 펼쳤습니다.

손 선수는 오늘 화성 중앙경기장에서 열린 '레드 플래닛 드림 매치(Red Planet Dream Match)'에 출전해, 화성 이주민 어린이 수백 명이 지켜보는 가운데 멋진 슛과 드리블을 선보였습니다.

경기는 화성의 중력에 맞춰 특별히 제작된 가벼운 공으로 진행됐으며, 손 선수는 경기가 끝난 뒤 모든 어린이에게 자신의 사인이 담긴 미니 축구공을 선물했습니다.

손흥민 선수는 "미래의 별이 될 화성 어린이들에게 꿈과 희망을 전해 주고 싶었다"라고 소감을 밝혔습니다.

이날 경기의 수익금 전액은 화성 어린이의 교육 환경을 개선하는 데 사용될 예정입니다.

2. 명탐정 팩트 체크 4단계!

네 가지 질문(4단계 팩트 체크)을 따라가며, 뉴스가 진짜인지 가짜인지 분석해 봐.

단계	탐정 질문	핵심 내용	왜 중요할까?
1단계	누가 쓴 뉴스일까?	기사를 쓴 기자 이름이나 뉴스를 만든 회사, 기관 이름을 꼭 확인해야 해.	믿을 수 없는 사람이 만든 이야기는 위험해. 책임 있는 곳에서 나온 건지 확인해야 해.
2단계	이 기사는 사실만 전했을까, 아니면 일부러 감정(놀람·무서움·궁금함 등)을 유도했을까?	기사 제목이나 내용이 너를 너무 놀라게 하거나 화나게 또는 궁금하게 만들고 있지는 않니?	감정이 앞서면 진짜를 못 볼 수 있어. 뉴스는 재미보다 사실을 중립적으로 말해야 믿을 수 있어.
3단계	이 뉴스는 언제 나온 걸까?	최근에 일어난 일인지, 오래된 이야기를 다시 가져온 건지 확인해 봐.	오래된 정보는 지금 틀릴 수 있어. 가장 최근 사실인지 확인하는 게 중요해.
4단계	다른 곳에서도 같은 내용을 전했을까?	다른 신문이나 방송에서도 같은 이야기를 보도하고 있는지 찾아봐야 해.	한 곳만 믿으면 안 돼. 여러 곳에서 같은 사실을 말해야 진짜 팩트야.

3. 탐정 수첩 기록

팩트 체크 4단계 질문	뉴스 조사 기록	
	잠결에 약혼반지를 삼킨 신부	손흥민 선수, 화성에서 어린이를 위한 자선 경기를 펼치다!
1단계 출처 확인	믿을 만한 곳(언론사, 정부 기관 등)에서 나온 이야기니?	
	SBS뉴스 이소현 기자	알 수 없음
2단계 객관성 확인	기사 제목이나 내용이 나를 [화나게 / 무섭게 / 기쁘게 / 궁금하게] 만들었니?	
	무섭게 또는 궁금하게	궁금하게
3단계 최신성 확인	이 뉴스는 언제 나온 걸까? [오늘 / 일주일 전 / 몇 년 전] 중에서 골라 표시해 봐.	
	몇 년 전	알 수 없음
4단계 교차 확인	다른 언론사에서도 같은 뉴스가 나오는지 검색해 봤니?	
	O	X
탐정의 최종 결론	이 뉴스는 [진짜 뉴스 / 가짜 뉴스]이다.	
	진짜 뉴스	가짜 뉴스
판단 이유		

3장

스마트폰, 즐겁게 활용하자

1. 건강 관리도 디지털로 스마트하게!

요즘에는 건강 관리도 앱과 웨어러블 기기로 스마트하게 할수 있어. **건강 관리 앱**은 체중, 운동량, 식습관 같은 정보를입력하면 AI가 분석해 맞춤형 건강 계획을 세워 줘. 특히 당뇨나 고혈압처럼 꾸준히 관리해야 하는 사람들에게 아주 유용해.

웨어러블 기기는 손목에 착용하거나 옷에 부착해서 심박수,걸음 수, 수면 패턴을 실시간으로 기록하고 분석해 줘. 덕분에 내 몸 상태를 꾸준히 살피고 건강 문제를 미리 발견할 수있어. 스마트 워치가 대표적인 예시야. 또 원격 의료 앱을 이용하면 집에서도 의사와 상담하거나 건강 지표를 관리할 수있어.

요즘 건강 관리 앱은 친구나 가족과 건강 목표를 공유하고걸음 수 대결 같은 활동도 할 수 있어. 재미있게 경쟁하면서건강도 함께 챙길 수 있지. 이렇게 최신 기술을 이용하면 건강 관리가 훨씬 쉽고 즐거워져. 똑똑하게 관리하고 더 건강한 생활을 시작해 보자!

🔍 건강 관리 앱으로 내 몸 챙기는 법

① 운동량 체크하기

오늘 하루 얼마나 움직였는지 궁금하지? 운동량 체크 앱은 네가 하루 동안 얼마나 걸었고, 얼마나 열량을 썼는지 알려 줘. GPS로 네 이동 경로도 확인할 수 있지. 무엇보다 앱을 사용하면 운동 목표를 세우고 꾸준한 습관을 만드는 데 도움이 돼.

② 체중 관리하기

체중 관리 앱은 네 체중과 체지방률을 기록하고, 먹은 음식과 열량을 분석해 줘. 스마트 체중계와 연결하면 더 정확하게 잴 수 있어. 꾸준히 기록하면 체중 변화는 물론, 어떤 음식이 어떤 영향을 주는지도 알 수 있지. 이렇게 하면 비만을 예방하고 건강을 지킬 수 있어.

③ 수면 시간 관리하기

수면 관리 앱은 네가 얼마나 깊게 잤는지, 언제 깼는지를 기록해 줘. 스마트 워치와 연결하면 더 정확한 데이터를 얻을 수 있어. 아침에 깨워 주는 알람 기능도 있어서 유용해. 수면 패턴을 잘 관리하면 푹 잘 수 있고, 피로도 빨리 풀려. 학교에서도 집중력이 높아질 거야!

길 찾기 앱은 단순히 길을 안내하는 것을 넘어 우리에게 큰 도움을 줘. 낯선 곳을 가거나 여행할 때, **GPS**와 **실시간 안내 기능** 덕분에 목적지까지 헤매지 않고 쉽게 도착할 수 있지.

'구글 맵'이나 '네이버 지도' 같은 앱은 교통 상황을 실시간으로 알려 주기도 해. 도로가 막히거나 공사 중이면 다른 길을 알려 주니까 예기치 못한 상황에도 당황하지 않고 대처할 수 있어.

또 주변 정보를 알려 주는 똑똑한 기능도 있어. 가까운 식당, 화장실, 편의점 같은 필요한 정보를 쉽게 찾을 수 있지. 여행지에 도착하기 전에 어떤 곳을 가야 할지 미리 찾아보면 더 완벽한 여행 계획을 세울 수 있어. 스마트폰을 활용하면 날씨가 안 좋을 때 다른 실내 관광지나 맛집을 바로 찾아서 계획을 바꾸는 것도 가능해.

🔍 스마트폰으로 여행 계획하는 법

① 길 찾기 앱으로 경로 확인하기

여행할 곳을 미리 정해 길 찾기 앱으로 경로를 확인해 보자. 실시간 교통 정보를 이용해 길이 막히는 구간을 피하고 가장 빠른 길을 안내 받을 수 있어. 이렇게 하면 가족과 함께 목적지까지 헤매지 않고 빠르게 도착할 수 있어.

② 인터넷 검색으로 여행 정보 수집하기

스마트폰을 이용하면 여행지 정보를 다양하게 찾아볼 수 있어. 여행 블로그나 온라인 커뮤니티에서 다른 사람들이 남긴 후기를 살펴보는 것도 좋아. 인기 있는 관광지, 현지 맛집, 가 볼 만한 명소 등을 쉽게 파악할 수 있지. 가족들이 좋아할 만한 장소와 방문 시간, 요금을 미리 알아 두면 더 알찬 여행을 다녀올 수 있을 거야.

③ 번역기 앱 활용하기

해외여행을 간다면 번역기 앱을 활용해 봐. 메뉴를 읽거나 길을 물어볼 때 아주 유용해. 음성으로 말하면 바로바로 번역해 주는 기능도 있어서 언어 걱정 없이 자유롭게 여행할 수 있을 거야.

3. 일정을 똑똑하게 관리해 보자

일정 관리는 우리 생활에서 정말 중요해. 계획 없이 하루를 보내면 해야 할 일을 놓치기 쉽고, 시간을 효율적으로 쓰지 못할 수 있어. 하지만 스마트폰 일정 관리 앱을 사용하면 시간을 똑똑하게 쓸 수 있지.

바쁜 하루 속에서 해야 할 일을 잊을 때가 많지? 이럴 때는 일정 관리 앱의 **리마인더 기능**을 활용하면 좋아. 리마인더는 저장한 일정이 다가오면 알림으로 알려 주는 기능이야. 예를 들어, 오늘 3시에 해야 할 일이 있다면 1시간 전이나 하루 전에 알림이 울려서 미리 준비할 수 있도록 도와줘. 덕분에 중요한 일이나 약속을 잊지 않고 제때 처리할 수 있어.

스마트폰으로 일정을 관리하는 게 자연스러워지다 보니, '캘박'이라는 신조어도 생겼어. '캘린더 박제'의 줄임말인데, 중요한 약속이나 일정을 스마트폰 캘린더에 기록해 두고 잊지 않도록 관리하는 걸 말해. 친구들과의 약속이나 시험 일정이 생기면 "이거 캘박해야겠다."라고 말할 정도로 자주 쓰여.

Q 스마트하게 일정 관리하는 법

① 일정 관리 앱 활용하기

스마트폰에 설치된 일정 관리 앱은 대부분 무료로 사용할 수 있어. 일정을 등록하고 알림을 설정하면, 약속 시간이 다가올 때 미리 알려 줘. 색깔별로 구분해 저장하면 더 쉽게 확인할 수 있어.

② 알림 기능 설정하기

대부분의 일정 앱에는 알림 기능이 있어서, 중요한 약속이나 할 일을 잊지 않게 도와줘. 알림 시간을 직접 설정하면 숙제나 친구 생일처럼 중요한 일을 꼼꼼하게 챙길 수 있어.

③ 주간·월간 계획 세우기

주간이나 월간 달력을 활용하면 시험이나 중요한 발표처럼 미리 준비해야 할 일을 한눈에 파악할 수 있어.

④ 공유 기능으로 함께 계획하기

친구나 가족과 함께 계획을 세울 때는 공유 기능을 사용해 봐. 일정을 함께 확인하고 수정할 수 있어서 준비하기에 더 편해.

≫≫≫ 4. 어린이 신문으로 세상과 소통해 보자 ≪≪≪

요즘에는 스마트폰만 있으면 **어린이 신문**도 간편하게 볼 수 있어. 어린이 신문에서는 경제, 사회, 환경처럼 다양한 주제를 폭넓게 다루고 있지.

신문을 꾸준히 읽으면 세상을 보는 눈이 넓어져. 환경 오염이나 기후 변화 같은 중요한 주제도 알게 되니까, 사회 문제를 더 빠르게 알아차릴 수 있어. 여러 문제의 해결 방법을 생각하며 책임감도 자연스럽게 자라나지.

어린이 신문에는 독자가 직접 참여할 수 있는 프로젝트나 실천 활동이 자주 소개돼. 예를 들어, 기후 변화에 관한 기사를 읽고 지역 환경 캠페인에 참여하거나 자기 생각을 독자 투고로 보내는 일도 할 수 있어. 이런 경험은 사회에 관심을 두고, 더 나은 세상을 만들기 위해 내가 할 수 있는 일을 생각해 보는 데 도움이 돼.

또 어린이 신문이나 잡지에서는 '어린이 기자단'을 운영하기도 해. 어린이 기자가 되면 관심 있는 주제를 직접 취재하고, 기사를 쓸 수 있어. 내가 쓴 기사가 사람들에게 전해지면, 세상에 내 생각을 알리는 멋진 기회가 될 거야.

🔍 어린이 신문과 잡지 구독하는 법

≫ 어린이동아 https://kids.donga.com/

초등학생을 위한 신문으로 사회 문제부터 자연, 과학에 대한 이야기까지 다양하게 다뤄. 스마트폰으로도 구독할 수 있어서 언제 어디서든 쉽게 읽을 수 있지.

≫ 어린이 경제신문 https://www.econoi.com/

경제를 쉽게 이해하고 싶은 친구들에게 좋은 신문이야. 용돈 관리나 경제 개념을 스마트폰으로 쉽게 배울 수 있어.

≫ 어린이과학동아 e매거진 https://dl.dongascience.com/

과학에 관심이 많은 친구들에게 딱 맞는 잡지야. 우주, 환경, 자연에 대한 최신 소식과 재미있는 실험까지 소개해 줘. 스마트폰으로 과학 지식을 쌓고 호기심도 채울 수 있지.

▷▷▷ 5. 말로 전하는 진심, 영상 편지의 감동 ◁◁◁

영상 편지는 왜 글로 쓰는 편지보다 더 생생하게 느껴질까? 아마 표정과 목소리가 함께 담겨 있기 때문일 거야. 말투나 눈빛, 몸짓에서 느껴지는 감정은 글로 전하기 어려운 마음까지 잘 보여 주거든. 화면 너머로 전해지는 생생한 느낌은 영상만이 줄 수 있는 특별한 감동이지.

특히 오랜만에 만나는 가족이나 멀리 떨어져 있는 가족에게는 마치 눈앞에서 이야기하는 것처럼 생생하게 느껴질 거야. 할아버지, 할머니도 손주나 자녀의 얼굴을 보며 이야기하면 훨씬 더 기뻐하실 거야.

이제 영상 편지는 단순히 말을 전하는 걸 넘어서, 내 마음과 이야기를 특별하게 담아내는 방법이야. 장면마다 느낌을 살려 하나의 이야기처럼 만들 수 있지. 예를 들어, 가족 여행 사진을 영상에 넣거나 어릴 적 추억을 짧게 모아 따뜻한 메시지를 전할 수 있어.

이렇게 영상 편지를 만들다 보면 가족과 함께한 소중한 순간을 다시 떠올리게 돼. 또 영상을 보고 기뻐하는 가족을 보면 뿌듯하고 즐거운 마음도 함께 느낄 수 있을 거야.

🔍 스마트폰으로 영상 감독 되는 법

스마트폰은 이미 훌륭한 도구이기 때문에 기본적인 촬영과 편집 기술만 익혀도 멋진 영상을 만들 수 있어.

먼저 촬영할 때는 조명과 구도에 신경 써야 해. 해가 잘 드는 곳에서 촬영하면 얼굴이 더 밝고 부드럽게 보이지. 또 적절한 거리에서 촬영하면 안정적인 느낌을 줄 수 있어.

영상 편집을 위해서는 편집 앱을 사용해 보자. 캡컷(CapCut)이나 키네마스터(KineMaster) 같은 앱은 사용법이 쉬우면서도 효과적인 편집 기능을 제공해.

여기에 자막을 추가하거나 배경 음악을 넣어 영상의 분위기를 더욱 풍성하게 만들 수 있어. 예를 들어, 부드러운 음악을 넣으면 더 따뜻한 느낌을 줄 수 있지. 배경 음악은 영상의 완성도를 높여 주니까 무료로 사용할 수 있는 음악을 적극 활용하는 게 좋아.

너는 어떤 **취미 활동**을 하고 있니? 요즘에는 많은 사람이 스마트폰과 앱을 이용해 더 다양한 취미를 즐기고 있어. 값비싼 재료나 학원이 없어도 유튜브 강의를 보거나 앱을 활용해 취미 활동을 할 수 있지.

내가 만든 콘텐츠를 다른 사람들과 함께 보며 이야기 나누고 싶을 때는 인터넷에 올리면 돼. 예를 들어, 내 그림을 SNS에 올리고 사람들과 의견을 주고받으며 수정하는 거야.

이런 활동은 **창의력**과 **자기표현력**을 기르는 데 큰 도움이 돼. 드로잉 앱이나 음악 제작 앱으로 나만의 작품을 만들다 보면, 내 생각을 자연스럽게 표현할 수 있게 되지. 작품을 만들고 다듬는 과정에서 스스로 성장하는 경험도 할 수 있어.

또 취미는 쌓인 스트레스를 풀어 주고 마음을 편안하게 만들어 줘. 좋아하는 그림을 그리거나, 영상을 편집하거나, 음악을 만들면서 모든 걱정을 잊고 좋아하는 일에 푹 빠질 수 있어.

🔍 앱으로 다양한 취미 생활 즐기는 법

① 드로잉 앱으로 그림 그리기

종이와 연필이 없어도 스마트폰이나 태블릿을 이용해 쉽게 그림을 그릴 수 있어. 스케치북(Sketchbook)이나 이비스 페인트(ibis Paint) 같은 드로잉 앱을 사용하면, 디지털 펜을 이용해 섬세한 그림을 그릴 수 있지. 다양한 붓과 색상을 활용해 전문적인 일러스트도 손쉽게 만들 수 있고, 언제든지 수정이 가능하니까 실수해도 걱정 없어!

② 음악 제작 앱으로 나만의 곡 만들기

음악을 좋아한다면 밴드랩(BandLab)이나 가라지밴드(GarageBand) 같은 음악 제작 앱을 이용해 봐. 다양한 악기 소리로 멜로디와 리듬을 만들고, 여러 트랙을 합쳐 나만의 곡을 만들 수 있어.

날씨가 좋지 않거나, 몸이 아프거나, 너무 멀어서 밖에 나가기 힘든 날에도 예술을 즐길 수 있는 방법이 있어. 바로 **디지털 박물관**과 **온라인 미술관** 탐방이야!

요즘은 세계 곳곳의 유명 미술관과 박물관이 작품을 디지털로 공개하고 있어. **AR(증강 현실)**이나 **VR(가상 현실)** 기술 덕분에 꼭 현장에 가지 않아도 집에서 편하게 감상할 수 있지.

예를 들어, 구글에서 만든 온라인 전시 서비스 '구글 아트 앤 컬쳐(Google Arts & Culture)'는 전 세계 80여 개국 2000곳 이상의 문화 기관 유물과 작품을 보여 줘. 집에서도 유명한 미술 작품이나 유물을 자세히 볼 수 있는 거야. 프랑스 오르세미술관, 영국 대영박물관, 미국 구겐하임미술관 같은 곳도 가상으로 둘러볼 수 있지. 또 고해상도 이미지나 가상 투어 같은 기능 덕분에 공부할 때도 정말 유용해.

특히 'Pocket Gallery'라는 가상 투어 기능을 사용하면, 박물관이나 미술관을 직접 걷는 것처럼 360도로 둘러볼 수 있어.

🔍 다양한 온라인 전시를 즐기는 법

우리나라에서도 다양한 온라인 전시가 열리고 있어. 예를 들어, 국립고궁박물관에서는 학예 연구사의 해설이 담긴 온라인 전시 해설 영상을 볼 수 있고, 국립중앙박물관에서는 온라인 실감콘텐츠를 즐길 수 있어. 360도로 만든 가상 공간에서 현장과 똑같이, 언제 어디서나 생생하게 체험할 수 있지. 국립현대미술관은 디지털 미술관을 운영해. 큐레이터의 전시 해설과 어린이미술관 작품을 영상으로 만날 수 있지.

이처럼 디지털 박물관과 미술관을 이용하면 실제로 방문했을 때보다 더 많은 정보를 얻을 수 있어. 작품을 확대해 세밀한 부분까지 볼 수 있고, 작품의 배경과 역사도 함께 들을 수 있거든. 가까이 가지 않으면 잘 보이지 않는 붓 터치와 색감도 손쉽게 감상할 수 있어. 디지털 예술 탐험은 집에서 새로운 경험을 할 수 있는 멋진 방법이야.

>>>> 8. 나만의 일기, 더 쉽고 멋지게 써 보자 <<<<

요즘 스마트폰으로 **일기**를 쓰는 친구들이 많아졌어. 종이에 쓴 일기는 시간이 지나면 글씨가 흐려지거나 종이가 찢어질 수 있고, 잃어버리면 다른 사람이 내 이야기를 볼 수도 있지. 하지만 스마트폰으로 일기를 쓰면 이런 걱정을 줄일 수 있어.

메모 앱을 활용하면 언제 어디서든 편리하게 일기를 쓸 수 있어. 일기는 인터넷 서버인 클라우드에 저장되어 기기를 잃어버리거나 고장이 나도 다시 볼 수 있어.

또 스마트폰 일기는 내 취향에 맞게 멋지게 꾸밀 수 있어. 사진이나 동영상을 넣어 기억을 더 생생하게 남기고, 글씨 모양이나 색깔, 크기를 바꾸면서 나만의 스타일을 만들 수 있지. 또 친구와 일기를 쓰고 공유할 수 있는 앱도 있어서 서로 하루를 기록하며 이야기 나눌 수 있어.

스마트폰 일기를 잘 활용하면, 단순히 하루를 기록하는 것을 넘어서 나만의 특별한 일상 노트가 될 거야.

🔍 스마트하게 일기 쓰는 법

① 메모 앱 활용하기

스마트폰에 있는 메모 앱을 사용해 봐. 종이에 쓰는 것처럼 간단하게 일기를 쓸 수 있고, 나중에 언제든지 쉽게 찾아볼 수 있어. 중요한 날이나 기억하고 싶은 순간을 빠르게 기록할 수 있어서 아주 편리하지.

② 사진과 영상 추가하기

스마트폰 일기의 좋은 점 중 하나는 사진이나 영상을 함께 넣을 수 있다는 거야. 친구들과 놀았던 날이나 가족 여행 같은 특별한 순간을 사진과 함께 기록하면 나중에 더 생생하게 떠올릴 수 있어.

③ 해시태그로 정리하기

해시태그는 기호 '#' 뒤에 단어를 붙여서 쓰는 거야. 이름, 장소, 단어, 그 날의 기분과 감정을 태그로 남기면 나중에 키워드로 그와 관련된 일기를 모아 볼 수 있지. 예를 들어, '#생일', '#비온날', '#기분좋음'처럼 해시태그를 달면 나중에 일기를 쉽게 찾아볼 수 있어.

우리는 하루에 디지털 화면을 얼마나 볼까? 2024년 한국언론진흥재단의 조사에 따르면 대한민국 어린이들은 하루 평균 약 3시간(185.9분) 정도 스마트폰이나 TV 같은 미디어 기기를 사용하고 있대. 혹시 '어? 나는 하루에 세 시간도 안 보는데?'라고 생각했니? 그렇더라도 주의할 필요가 있어. 세계보건기구(WHO)는 어린이의 스크린 타임을 하루 두 시간 이하로 권하고 있거든.

여기서 **스크린 타임**(Screen Time)은 스마트폰, 태블릿, 컴퓨터, TV 등 화면을 보는 전체 시간을 뜻해. 내 스크린 타임을 확인해 보고, 하루 두 시간이 넘는다면 조심해야 해.

내가 화면 앞에서 얼마나 시간을 보내는지 알면, 시간을 더 똑똑하게 쓸 수 있어. 예를 들어, 하루에 스마트폰을 세 시간 넘게 쓴다면 그중 일부 시간을 운동하거나 책 읽는 데 쓸 수 있지. 또 스크린 타임을 관리하면 건강을 지킬 수 있어. 화면을 오래 보면 눈이 피로해지고 목과 허리가 아플 수 있는데, 스크린 타임을 줄이면 이런 문제를 예방할 수 있어.

🔍 스크린 타임으로 사용 시간 조절하는 법

① 사용 시간 확인하기

먼저 스마트폰에 있는 스크린 타임 기능을 켜 봐. 하루 동안 스마트폰을 몇 시간 썼는지, 어떤 앱에 시간을 많이 썼는지 확인할 수 있어.

② 앱별 시간제한 설정하기

게임이나 유튜브처럼 자주 사용하는 앱에는 시간제한을 걸 수 있어. 예를 들어, 게임은 하루에 1시간, 유튜브는 30분만 사용하도록 정하는 거야. 사용 시간이 가까워지면 알림이 뜨니까 미리 준비할 수 있지.

③ 스크린 타임 알림 설정하기

스마트폰을 오래 보면 시간이 금방 지나가잖아? 그럴 땐 알림 기능을 설정해 보자. 설정한 시간이 되면 알림이 울려서 사용 시간을 조절하는 데 도움이 될 거야.

내 손안의 미술관,
디지털 예술 탐험

* 지금 바로 QR코드를 찍고 즐거운 예술 여행을 시작해 보자!

○ 구글 아트 앤 컬처(Google Arts & Culture)

전 세계 80여 개국 2000곳 이상의 미술관과 박물관 작품을 온라인으로 볼 수 있어. AR/VR로 실제 방문한 듯한 체험도 할 수 있지.

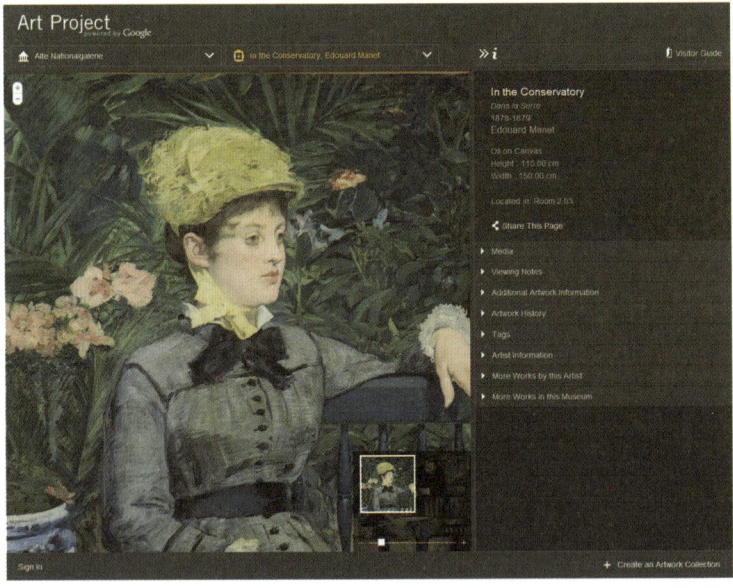

○ 국립중앙박물관

360도 가상 공간에서 전시를 둘러볼 수 있어. 실감 콘텐츠로 현장처럼 생생하게 느낄 수 있지.

○ 국립현대미술관

디지털 미술관에서 전시 해설과 어린이미술관 작품을 영상으로 만날 수 있어. 큐레이터의 이야기도 함께 들을 수 있지.

소중한 시간을 지키는
디지털 균형 챌린지!

요즘 유튜브 쇼츠나 릴스를 자주 보고 있니? 쇼츠와 릴스는 영상 길이가 짧고 자극적이어서 자꾸만 다음 영상을 보고 싶게 만들어. 하지만 이런 영상을 많이 보면 숙제나 공부에 집중하기 어려워질 수 있어.

재미있게 보기 시작한 숏폼이 어느새 너의 소중한 시간을 훔치는 '시간 도둑'이 되기도 해. 하지만 스마트폰을 내가 필요한 만큼만 사용하면 디지털 균형을 지킬 수 있어.

균형을 잘 맞추면 더 많은 걸 배우고, 새로운 취미도 찾을 수 있어. 챌린지에 도전해서 너의 하루를 더 의미 있게 바꿔 보자!

○ 활동 방법

시간 목표 정하기: 스마트폰의 '디지털 웰빙', '스크린 타임' 기능을 활용해서 숏폼 시청 시간을 하루 30분 이내로 제한해 봐. 목표를 정하면 시간을 더 똑똑하게 쓸 수 있어.

균형 잡기: 숏폼을 안 본 시간, 즉 절약한 시간에 새롭게 시작하거나 더 많이 한 활동을 기록하고, 그때 기분을 '행복 에너지'로 체크해 봐.

챌린지 결과 평가하기: 3일 동안 챌린지를 한 뒤, 얼마나 디지털 균형을 잘 잡았는지 평가해 봐. 이렇게 하면 자신이 얼마나 잘 실천했는지 스스로 확인할 수 있어.

○ 나의 디지털 균형 점검표 예시

일차	절약한 시간	새로운 활동	행복 에너지 (★ 1개 ~ 5개)
1일차	40분	친구와 공원에서 신나게 축구하기	★★★★☆
2일차	35분	추리 소설 20쪽 읽기	★★★☆☆
3일차	50분	아빠와 같이 저녁 반찬 만들기	★★★★★
숏폼을 덜 보니 가장 좋았던 점은 무엇인가요?	오랜만에 친구들과 축구도 하고 아빠와 반찬도 만들어서 즐거웠다. 독서는 아직 조금 힘들다. 하루에 30분씩 꾸준히 읽는 습관을 들여야 겠다고 다짐했다.		

○ 나의 디지털 균형 점검표

일차	절약한 시간	새로운 활동	행복 에너지 (★ 1개 ~ 5개)
1일차			☆☆☆☆☆
2일차			☆☆☆☆☆
3일차			☆☆☆☆☆
숏폼을 덜 보니 가장 좋았던 점은 무엇인가요?			

스마트폰과 사이좋게 지내는 법

1판 1쇄 발행일 2025년 12월 8일

지은이 김지훈
그린이 이정화

발행인 김학원
발행처 휴먼어린이
출판등록 제313-2006-000161호(2006년 7월 31일)
주소 (03991) 서울시 마포구 동교로23길 76(연남동)
전화 02-335-4422 **팩스** 02-334-3427
저자·독자 서비스 humanist@humanistbooks.com
홈페이지 www.humanistbooks.com
유튜브 youtube.com/user/humanistma
인스타그램 @human_kids

편집주간 황서현 **편집** 윤채완 **디자인** 기하늘
용지 화인페이퍼 **인쇄** 삼조인쇄 **제본** 해피문화사
사진출처 국립중앙박물관·국립현대미술관(173쪽)

글 ⓒ 김지훈, 2025
그림 ⓒ 이정화, 2025

ISBN 978-89-6591-648-2 73330